CATALOGUE

D'UNE NOMBREUSE RÉUNION

D'ESTAMPES

ANCIENNES ET MODERNES

De toutes les écoles

LIVRES A FIGURES

ORNEMENTS ET ESTAMPES EN LOTS

Au nombre d'environ 6000

DONT LA VENTE AUX ENCHÈRES PUBLIQUES AURA LIEU

HOTEL DROUOT, SALLE N° 7

Au premier étage.

Les Jeudi 26, Vendredi 27 et Samedi 28 Février 1874

A UNE HEURE PRÉCISE

Me **DELBERGUE-CORMONT**, Commissaire-Priseur,
rue de Provence, 8,

M. **CLEMENT**, Marchand d'Estampes de la Bibliothèque Nationale,
rue des Saints-Pères, 3.

PARIS — 1874

ORDRE DES VACATIONS

Le Jeudi 26....................	Nos	1 à 301
Le Vendredi 27.................		302 à 588
Le Samedi 28...................		589 à la fin.
—		Estampes en lots.

CONDITIONS DE LA VENTE

Elle sera faite au comptant.

Les Acquéreurs paieront cinq pour cent en sus des enchères.

ESTAMPES

1 **Alipandi** et **autres.** Principales scènes de la Révolution française, d'après Bertaux, Fragonard et autres. Cinq pièces.

2 **Alix.** Molière (Poquelin de), portrait gravé en couleur. Epreuve avant la lettre.

3 **Allais** (J.-A.). La Joconde, d'après L. de Vinci.

4 **Allart** (Ch.). Procession de la châsse de sainte Geneviève à Paris, d'après Cochin. Pièce très-curieuse, avec la description en français et en hollandais.

5 **Anderloni** et **Garavaglia.** La Vierge avec l'enfant Jésus sur ses genoux, d'après Raphaël. — Agar et Ismaël dans le désert, d'après Baroche. — La Vierge au Linge, d'après Raphaël, gravée par Ingouf. Trois pièces.

6 **Anonymes.** Les Saisons. Suite de quatre estampes gravées sur bois.

7 — Vénus et l'Amour. Quatre compositions différentes, gravées à l'eau-forte, dans le genre des Carrache. Très-belles épreuves.

8 — Saintes Familles. — La Force. — La Charité, etc. Douze pièces gravées à l'eau-forte. Très-belles épreuves.

9 — Estampe du tableau trouvé dans l'église des ci-devant soi-disant Jésuites de Billom, en Auvergne, l'an 1762.

10 — Séparation de Louis XVI d'avec sa famille. Deux compositions différentes. — Journée du 20 juin 1792. Trois pièces, dont une à l'état d'eau-forte.

11 — François de Valois, duc d'Alençon, portrait de forme ronde, gravé à l'eau-forte.

12 — Campen (Jacobus), architecte hollandais. Très-belle épreuve.

13 — Gondi (Philippe de), l'un des dix des affaires militaires et de la paix pour le maintien de la liberté, l'an 1516. Deux épreuves, dont une avant la lettre.

14 — **Aubry** (Abraham). Entrée de Louis XIV et Marie-Thérèse à Paris, le 26 août 1660. Dans le haut, les portraits du roi et de la reine. Pièce rare avec légende allemande et française.

15 **Audran** (G.). L'Aurore. Plafond du pavillon de l'Aurore au château de Sceaux, d'après Le Brun. Très-belle épreuve.

16 — L'Enlèvement de la Vérité, d'après N. Poussin. — Le Christ mort, d'après Carrache, par Roullet. Deux pièces.

17 — Les Batailles d'Alexandre, d'après Lebrun. Incomplètes.

18 — Le Triomphe de Constantin, d'après Lebrun. Grande estampe en quatre feuilles.

19 — Bataille de Constantin contre Maxence, d'après Lebrun. Grande estampe en trois feuilles.

20 **Audran** (B.). Bignon (Jean-Paul), abbé de Saint-Quentin, d'après Vivien. — Douglas (Guillaume, comte de), prince d'Ecosse, gravé par H. Lochon. Deux pièces.

21 **Audran** (K.). Vic (Dominique de), archevêque d'Auch, d'après C. Carette. — René Fremin, recteur de l'Académie royale de peinture et sculpture, gravé par L. Surugue, d'après de Latour. Deux pièces. Très-belles épreuves.

22 **Audran, Lombart** et **Regnesson.** Jean Paul Bignon. — Robert de Cotte, d'après Tortebat. — Gabriel Chassebras de la Grand'Maison, etc. Quatre pièces.

23 **Audran** et **Surugue.** Martyre d'une sainte. — Adam et Eve chassés du Paradis. — Descente de croix. — La Transfiguration. — Descente d'Enée aux Enfers, etc. Sept pièces d'après Raphaël, le Dominiquin, Jouvenet et autres.

24 **Bakhuizen** (L.). Marines (B. 2, 6, 7, 9). Quatre pièces. Très-belles épreuves.

25 — Le Bord de la mer (B. 2).

26 — Paysage (B. 12). Très-belle épreuve. Rare.

27 **Bakhuizen** (attribué à). Marine. Très-belle épreuve.

28 **Balechou** (J. J.). Les Baigneuses. — Le Calme. — La Tempête. Trois pièces d'après Vernet. Belles épreuves.

29 — Jean de Jullienne, écuyer, chevalier de l'ordre de Saint-Michel, d'après de Troy. Très-belle épreuve.

30 **Balechou** et **de Larmessin.** Guillaume Ch. H. Friso, prince d'Orange, d'après Aved. — Armand de la Porte, marquis de la Meilleraye, d'après Langlois. — Buste d'un prince de la maison de Savoie, gravé par Tasnière. Trois pièces. Très-belles épreuves.

31 **Balechou, Tardieu** et **autres.** Don Philippe, infant d'Espagne, d'après Viali. — Jean Thierry, d'après Largillière. — Robert le Lorrain, d'après Nonnotte. — Jacques Sarazin l'aîné. Cinq portraits. Très-belles épreuves.

32 **Basan.** Le Plaisir des dames. — Le Plaisir des fous. Deux pièces faisant pendant, d'après Teniers. Très-belles épreuves.

33 **Baudet** (Ét.). Perrault (Charles), contrôleur-général des bâtiments du roi, d'après Lebrun. — Verthamon (François de), comte de Villemenon, maître des requêtes, gravé par Grignon, d'après C. Lefebvre. Deux pièces. Très-belles épreuves.

34 — Perrault (Charles). — Emery (Pierre), imprimeur, gravé par Moyreau. Deux pièces. Très-belles épreuves.

35 **Baudoin** (le colonel). Biron (L. A. de Gontaut, duc de), pair et maréchal de France. Très-belle épreuve.

36 **Bause** (F.). Leibnitz. — S. F. N. Morus. — J. H. Kustner. Trois pièces. Très-belles épreuves.

37 **Beauvais.** Les Eléments, d'après l'Albane. Suite de quatre estampes de forme ronde. Très-belles épreuves.

38 **Beauvarlet** (J.). Le Mariage de Psyché et l'Amour. d'après Boucher. Grande pièce en largeur.

39 — Les Chevaliers danois séduits par les nymphes d'Armide. Très-belle épreuve.

40 **Bella** (S. della). Recueil de diverses pièces très-nécessaires à la fortification. Suite de douze estampes. Superbes épreuves.

41 — Divers exercices de cavalerie, dédié à M. Destissac, enfant d'honneur du Roy. Treize pièces. Très-belles épreuves.

42 **Bellange** (J.). Le Portement de croix. — Les trois Rois mages, — La Vierge et l'enfant Jésus, etc. Huit pièces. Très-belles épreuves.

43 **Benazeech** et **Pellegrini** (d'après). Dernière entrevue de Louis XVI avec sa famille. — Le Dauphin enlevé à sa mère. — Madame Elisabeth sur l'échafaud. — Séparation de Louis XVI d'avec sa famille. — Dernier moment de la vie du roi Louis XVI. Cinq pièces.

44 **Benoist.** Portraits de Louis le Grand, gravés suivant ses différents âges. — Madame Marie-Henriette de France, d'après Natier, par Tardieu, etc. Quatre pièces, dont une double.

45 **Berain** (Jean). Arabesques et intérieurs d'appartements. 21 pièces. Très-belles épreuves.

46 — Arabesques, Lustres, Candélabres, Cheminées, etc. 61 pièces. Copies par Wolff.

47 **Berghem** (N.). La Vache qui s'abreuve (B. 1). Epreuve du deuxième état. — Prêtre donnant sa bénédiction à la porte d'une église, d'après Bout. Deux pièces.

48 **Bettelini** (P.). Ecce Homo, d'après le Corrége. Epreuve avec les lettres grises.

49 **Bervic** (Ch. Cl.). Gabriel Sénac de Meilhan, d'après Duplessis. — Charles Gravier, comte de Vergennes, par Vangelisti. — Robert Secousse, par J. Audran. — Pierre Mayeur, par de Larmessin. Quatre pièces.

50 **Biondi** (V.). Alma Redemptoris Mater, d'après Raphaël. — Sainte Cécile, d'après Carlo Dolci. Deux pièces.

51 — Beatrice Cenci, d'après Guido Reni. Très-belle épreuve avant la lettre.

52 **Blanchard** (A.). Le Repos en Égypte, d'après Bouchot. Très-belle épreuve.

53 — Portrait du Père Lacordaire. Épreuve non terminée.

54 **Boissieu** (J. J. de). Paysages. Quinze pièces.

55 **Bolswert** (S. A.). Mercure et Argus. — Jupiter et la chèvre Amalthée. — La Fuite en Égypte. — La Toilette. Quatre pièces d'après Jordaens.

56 **Bolswert** (B. A.). Un Vieillard caressant une jeune fille, d'après D. Vinckenboons. Superbe épreuve.

57 **Bonnart**. Costumes d'hommes et de femmes. Huit pièces dont trois doubles.

58 **Bonnard** (genre de). Costumes des différents corps d'état. trente-deux pièces très-curieuses pour les costumes.

59 **Bosse** (Abraham). Disposition de la séance tenue à Fontainebleau, à la création de MM. les chevaliers, faite le 14 mai 1633. L'Ordre et disposition du marcher de MM. les chevaliers lorsqu'ils furent créés à Fontainebleau, le 14 mai 1633. Deux pièces.

60 — Le Printemps. — L'Été. — L'Atelier du graveur. — Costumes d'hommes. — Pièces pour la pucelle de Chaplain. Six pièces. Très-belles épreuves.

61 **Bouchardon** (d'après). Les Sens. Suite de cinq estampes dont nous n'avons que quatre, gravées par Caylus.

62 **Bouillard.** L'Adolescence de la sainte Vierge, d'après le Guide. Deux épreuves, dont une avant la lettre.

63 — La Sainte famille, d'après A. Carrache. Très-belle épreuve avant les auréoles sur la tête des personnages et avec le titre anglais en lettres tracées.

64 — La même estampe. Épreuve avec le titre français et avec les auréoles.

65 — Le Songe de Poliphile, d'après Le Sueur. — Moïse foulant aux pieds la couronne de Pharaon, d'après N. Poussin. Deux pièces faisant pendant. Très-belles épreuves avec une seule ligne de titre.

66 — Les mêmes estampes. Épreuves avec la lettre.

67 — Premier âge de l'Amour. — Éducation de l'Amour. — Punition de l'Amour. Les Jeux de l'Amour, etc. Cinq pièces. Très-belles épreuves.

68 — Borée et Orythie, d'après Vincent. — Apollon et Daphné, d'après M. Vanloo. Deux pièces faisant pendant. Très-belles épreuves dont une lettres grises.

69 — Les mêmes estampes, même état.

70 **Bout** (P.). Les Marchandes de poissons (B. 1). — La Jetée (B. 5). Deux pièces. Très-belles épreuves.

71 **Boutemie**. Les Mois de l'année. Suite de douze sujets grotesques gravés à l'eau-forte. Très-belles épreuves.

72 **Bouys** (Ant.) Boze (Claude Gros de), secrétaire de l'Académie des inscriptions. — Bellay (François-René, marquis du). — Portraits de Descartes gravés par Schenck. Quatre pièces.

73 **Boyvin** (René). Marot (Clément), poëte français (111). — Huss (Jean), hérésiarque qui a donné son nom à la secte des hussites (108). Deux pièces.

74 **Brand**. Paysages. Suite de quatre estampes gravées à l'eau-forte. Très-belles épreuves.

75 **Bromley** (F.). Wellington à Waterloo, d'après Cooper. Très-belle épreuve.

76 **Burgmair** (Hans). Ève persuadant à Adam de manger du fruit défendu. Très-grande estampe gravée sur bois (B. 1). Très-belle épreuve.

77 **Caletti**, dit le Cremonèse. David portant la tête de Goliath. Deux compositions différentes. Samson et Dalila, etc. Quatre pièces. Très-belles épreuves.

78 **Callot** (J.). Son portrait, par M. Lasne. Très-belle épreuve.

79 — Le Massacre des Innocents (T.). Très-belle épreuve.

80 — Le Martyre de saint Laurent (136).

81 — Le Combat à la barrière (492-503). Suite de dix estampes dont nous n'avons que huit.

82 — Le Triomphe de la Vierge (100). — Combat de Veillane, près de Turin, livré le 10 juillet 1630 (509). Deux pièces. Très-belles épreuves.

83 — Les Grandes misères de la guerre. Suite de dix-huit estampes (564-581). Très-belles épreuves du deuxième état, avec le nom de Silvestre.

84 — La Carrière ou la rue Neuve de Nancy (621). Belle épreuve.

85 — Les Supplices (665). Belle épreuve.

86 — La Sainte Famille à table. Morceau connu sous le nom du Benedicité (65). — Le Brelan (666). — L'Éventail (617). Trois pièces dont deux copies.

87 — La Grande chasse (M 711). Belle épreuve.

88 **Carmontelle** (d'après). La Malheureuse famille Calas, gravé par Delafosse. — Le Départ de l'Enfant Prodigue, d'après Le Clerc, par Basan. La Peinture, d'après Delarue, par Duflos. Trois pièces. Très-belles épreuves.

89 **Carpi** (Hugo da). Diogène, d'après le Parmesan. — Saint Jérôme et autres sujets gravés par B. Coriolan et Andreani. Sept pièces.

90 **Carpioni** (J.). Les Quatre éléments (B. 15. 18). Très-belles épreuves.

91 **Carrache** (An. et Au.). La Vierge à l'Hirondelle (B. 8). — Andromède attachée à un rocher (B. 125). — Hercule tuant Cacchus, etc. Quatre pièces.

92 **Castiglione** (B.). Bacchanale, d'après David. Deux épreuves dont une coloriée.

93 **Cathelin** (L. J.). Louis-Stanislas Xavier, comte de Provence. — Charles-Philippe, comte d'Artois. Deux portraits d'après Fredou et Drouais.

94 — Joseph-Marie Terray, d'après Roslin. — Joseph Vernet, d'après Vanloo. René Choppin, avocat au Parlement, gravé par Flipart d'après Jannet. Trois pièces.

95 — Paris de Montmartel, d'après de La Tour. — Portrait de Georges Khevenhuller, gravé par le maître au monogramme T. V. B. — Barberousse, par A. Vénitien. Trois pièces.

96 **Cochin** (C. N.). Fêtes célébrées à Versailles sous les règnes de Louis XV et Louis XVI. Six pièces.

97 **Collaert** (A.). Le Triomphe de la religion, de l'avarice, de la vertu, etc. Suite de quatre pièces. Très-belles épreuves.

98 **Collaert** (J.). Mars et Vénus. Très-jolie pièce entourée de figures et d'attributs divers. Très-belle épreuve.

99 **Collaert** (A.). Les Quatre principales divinités de la mer, d'après Ph. Galle. Suite de quatre estampes de forme ovale. Très-belles épreuves.

100 — Différents oiseaux. Seize pièces et un titre. Très-belles épreuves.

101 **Collin**. Vue septentrionale de la carrière de Nancy.

102 **Cort** (C.). Jésus célébrant la Cène. — L'Annonciation. — La Descente du Saint-Esprit sur les Apôtres. — Saint Paul foudroyé, etc. Huit pièces. Très-belles épreuves.

103 **Cossin** (L.). Doujat (Jean), né à Toulouse en 1609, docteur en droit et premier professeur du roi, d'après Sicre. Deux épreuves, dont une avant la lettre.

104 — Roupert (Louis), maître orfèvre à Metz, d'après Rabon. Très-belle épreuve.

105 **Coypel** (d'après Ch.). Sujets pour le Don Quichotte. 23 pièces in-fol. Très-belles épreuves.

106 **Chailloux** (A.). Fragment de la Vierge au Poisson, d'après Raphaël. Épreuve sur chine avant la lettre.

107 **Chereau** (François). Polignac (Melchior, cardinal de). — Nicolas de Launay. — Detleu de Dehn. Trois portraits d'après Rigaud. Très-belles épreuves.

108 **Chevillet**. Lenoir, lieutenant de police. — Necker, par Dembrun. — Buffon, par Hubert. — Henri de Bourbon, duc d'Enghien. Quatre pièces. Très-belles épreuves.

109 **Claessens** (L. A.). La Bénédiction d'Abraham. — La Bénédiction de Jacob. Deux pièces d'après Rembrandt et Coningh. Très-belles épreuves avant toutes lettres.

110 — Villageois en belle humeur. — Les Amours de Jean Steen. Deux pièces d'après Steen. Très-belles épreuves avant la lettre.

111 **Dalen** (C. Van). Pierre Aretin. — Georges Barbarelli, dit le *Giorgion*. Deux portraits d'après Titien. Très-belles épreuves avant la lettre.

112 — Portrait de Georges Barbarelli, dit le *Giorgion*, d'après Titien. Épreuve avant la lettre.

113 — **Dardel.** La Danse. Très-jolie pièce en couleur. — La Diseuse de bonne aventure, gravée en couleur par Morette, d'après Pasquier. Deux pièces.

114 **Daullé** (J.). M. de Nestier, écuyer ordinaire de la grande écurie du roy, d'après Delarue. Le même personnage, gravé en plus petit. Deux pièces. Très-belles épreuves.

115 **Daullé, Gaillard** et **Petit.** François Castanier, d'après Rigaud. — Hyacinte Rigaud, d'après lui-même. — Evrard Titon du Tillet, d'après Largillière. Trois pièces. Très-belles épreuves.

116 **Daullé, Laurent** et **autres.** Danaë. Deux compositions différentes, d'après de Troy et C. Maratte. — Le doux Repos des Bergers, d'après Loutherbourg, etc. Quatre pièces. Très-belles épreuves.

117 **Daullé, Massard.** Salmacis et Hermaphrodite, d'après de Troy. — Adam et Ève, d'après Cignani. Le songe de Poliphile, gravé par Bouillard, d'après Lesueur. Trois pièces.

118 **Davent** (L.). Mars et Vénus servis à table par l'Amour, les Grâces et des Nymphes, d'après Lucas Peni (B. 52). — Mars et Vénus, gravé par René Boyvin. Pièce non décrite. Deux pièces.

119 **De Marcenay Deghuy.** Mirabeau (Victor de Riquetti, marquis de), d'après Aved. Superbe épreuve avant toutes lettres.

120 — Henri, comte de Berghe, d'après Van-Dyck.

121 — Puységur (le marquis de), colonel du régiment de Vexin. Très-belle épreuve avant toutes lettres.

122 **Denon.** Madame Lebrun peignant le portrait de Raphaël; d'après elle-même. Très-jolie pièce gravée à l'eau-forte.

123 **Descamps** (d'après). La Pupille. — Le Négociant. Deux pièces gravées par Le Bas et Le Mire. — L'après-Dîner, d'après Lancret, par de Larmessin. Trois pièces.

124 **Desclaux.** Les Moissonneurs et les Pêcheurs, d'après Léopold Robert. Deux pièces faisant pendant. Très-belles épreuves avant toutes lettres.

125 **Descourtis.** Le Départ de l'Enfant prodigue. — L'Enfant prodigue à table. Deux pièces.

126 **Desplaces.** Danaë, d'après Louis de Boullongne. Très-rare épreuve avant toutes lettres.

127 **Dessins** (Fac simile de). Sous ce numéro, il sera vendu un portefeuille contenant environ 500 feuilles fac-simile de dessins d'après Claude Lorrain et les grands maîtres italiens.

128 **Divers.** Les Harangueurs, d'après Ostade. Eaux-fortes par Breenberg et Everdingen, etc. Dix pièces.

129 **Divers.** J. B. Joseph Trois, docteur en théologie, — Cardinal Mazarin. — de La Mothe le Vayer. — B. d'Herbelot. — Nicolas le Camus, etc. Sept portraits gravés par Thomassin, Daret, Houbraken, Picart, Gaillard et autres.

130 Portraits de Louis XIII, Louis XIV, le grand Dauphin, Louis XV, Louis XVI et Marie Antoinette. Huit pièces.

131 Les mêmes personnages. Huit pièces; plusieurs sont gravées en manière noire.

132 — Hébert (François), évêque d'Alger. — Millet (François Amédée), archevêque de Tarente. — Montmorin (Gilbert), évêque de Langres. — Adrien Baillet. — Le Cardinal de Richelieu, etc. 10 portraits gravés par Thomassin, G. Audran, M. Lasne, Morin et autres.

133 — Michel de Castelnau, seigneur de Mauvissière. — Baron de Chabans. — Abel de Sainte Marthe. — Antoine de Gramont. — Louis Habert. — Le comte de Ligneville. — Charles, sire de Créquy, etc. Douze portraits gravés par Habert, M. Lasne, Montcornet, Loisy, etc.

134 — Sorbière (Samuel de), historiographe de France. — Guillaume Ribier; conseiller d'État. — J. B. Colbert. — Pierre Davity, etc. Six portraits par G. Audran, Picart, Chasteau et autres.

135 — Coquerel (Jean), directeur des Carmélites de France. — Le Cardinal de Perefixe. — Cardinal d'Ossat. — Necker. — Pierre des Gouges, etc. Neuf portraits gravés par Thomassin, Lenfant et autres.

136 — Portraits de Greuze. — Callot. — J. B. L. Faivre, architecte. — François Boucher. — J. Le Pautre. — Dietterlin. — Mansart. — Deux portraits de musiciens, gravés par Quenedey. — Neuf portraits, par Simonneau, Carmona, M. Lasne et autres.

137 — Portraits de Henri IV. — Louis XIII. — Louis XIV et Louis XVI. Neuf pièces, par Janinet, Smith. Le Pautre, Soutman, A. de Saint-Aubin et Simonneau.

138 — Gaston de Rohan. — Saint Charles Borromée. Richelieu. — Raphaël Dufresne. — Necker. — Rousseau. — Charles Claude Dubuf. — François Langlois, etc. Douze pièces.

139 — Le Grand Duc de Toscane. — Les Fils de Rubens. — Cardinal Polus, etc., etc. Douze pièces.

140 **Divers.** Jacques Feret. — J. B. Morin. — Christophe Ozanne. — Raymond Vieussens. — David de Planis Campy. — René Moreau. — Charles Patin. — Guido Patin. — Antoine Louis. — L. J. Bourgeois. Dix portraits de médecins et chirurgiens célèbres, gravés par Langlois, Poilly, Boulanger, Lasne, Lefebvre, Dupin, etc.

140 *bis* — Portraits anglais et allemands. 23 pièces.

141 — H. Bignon. — Pasquier Quesnel. — R. de Ceriziers. — Ignace de Loyola. — Le Diacre Paris. Sept pièces, par Boulanger, Lochon et autres.

142 — Charles Richer de Roddes de la Morlière. — Bon de Boullongne. — M. Ricci. — P. Simon. — Van der Werf. — Van der Helst. — Titien. Daffincourt, etc. Douze portraits gravés par Lépicié, Tardieu, Faldoni, Trouvain, Audran, Hollar et autres. Très-belles épreuves.

143 — Detleu A. Dehn. — Pierre Calvairac. — Voysin, prévot des marchands de Paris. — Dinglinger, célèbre orfèvre, etc. Six pièces, gravées par Chereau. Drevet, Pitau, Wolfgang, etc.

144 — Portraits de Turenne. — Lamoignon. — Frère Martin Garzes, cinquante-deuxième grand maître de l'Ordre de Malte. — Ant. Furetière. — Guillaume Ribier. — Benoît de Maillet. — Ant. Ferrein, Crébillon, etc. Douze pièces.

145 — Portraits de Lekain. — Cagliostro. — Comte de Caylus. — Nicolas Bergasse. — François de Cotte. Helvetius. — De Latude et Cartouche. Huit pièces. Belles épreuves.

146 — Th. de Bèze. — Calvin. — M. Luther. — Erasme et autres portraits de réformateurs. Vingt-deux pièces.

147 — Portraits du Comte de Chambord, du roi Louis-Philippe et de ses enfants, de Napoléon Ier et de l'impératrice Eugénie, etc. Quatorze pièces.

148 — Sous ce numéro il sera vendu cinq portefeuilles contenant environ six cents portraits; beaucoup peuvent servir pour illustration.

149 **Doo** (G.). Portrait de madame Ristori, d'après Ary Scheffer. Très-belle épreuve avant la lettre, sur chine.

150 **Dolendo** (Z.) Sainte Cécile, d'après de Gheyn. Très-belle épreuve.

151 **Drevet** (Claude). Vintimille (Charles-Gaspard-Guillaume de), archevêque de Paris, d'après Rigaud. Très-belle épreuve.

152 **Drevet** (P.-J.). Bernard (Samuel), d'après Rigaud. Très-belle épreuve du premier état, avant les mots : conseiller d'État.

153 — Cotte (Robert de), d'après Rigaud. — Lecouvreur (Adrienne), dans le rôle de Cornélie, d'après Coypel. Deux pièces. Très-belles épreuves.

154 — Dubois (Guillaume), cardinal-archevêque de Paris, d'après Rigaud. Trè-belle épreuve.

155 **Drevet** (Pierre). Noailles (Louis-Antoine de), cardinal et archevêque de Paris, d'après Rigaud. — Mitantier (J.-M.), d'après Largillière. Deu pièces. Très-belles épreuves.

156 — Rigaud (Hyacinthe), d'après lui-même. — Serre (Maria), mère d'Hyacinthe Rigaud. Deux pièces. Très-belles épreuves.

157 — Vrillière (Lud. Phelipeaux de la), d'après Gobert. Très-belle épreuve.

158 — La Présentation au temple, d'après L. de Boullongne. Très-belle épreuve.

159 **Drevet, Pesne et autres.** Eliézer et Rebecca. — Ravissement de saint Paul. — Saintes familles, etc. Huit pièces.

160 **Dujardin** (Karel). La Chèvre et les deux moutons (B. 7). Très-belle épreuve du premier état avant le numéro.

161 — Les Trois cochons couchés devant l'étable (B. 8). Très-belle épreuve avant le numéro.

162 — Frontispice de son œuvre (B. 1). Très-belle épreuve avant le numéro.

163 **Duponchel.** Louis XVI, d'après Vanloo. Deux épreuves, dont une à la sanguine. — Louis XVI, par Libbowenik. — Charles Philippe, comte d'Artois, gravé par Marie L. Boizot. Quatre pièces.

164 **Dupont** (M. Henriquel). Portrait de Henri IV jeune. Très-belle épreuve avant la lettre.

165 **Durer** et **L. de Leyde**. Le Pommeau d'épée. — Saint Jérôme dans sa cellule. — La Femme de Putiphar accusant Joseph. — Saint Pierre et saint Paul. — Sujets de la vie de la Vierge, par L. Gaultier. Douze pièces; plusieurs sont des copies.

166 **Dusart** (C.). Le Chirurgien (B. 13). — La Vue, par Both. — Sujets divers, gravés par Mazurie, d'après Ostade. Quatre pièces.

167 **Duvet** (Jean). Une licorne conduite en triomphe par un roi et une reine (B. 41). Belle épreuve, mal conservée.

168 **Dyck** (Ant. Van). Justus Suttermans. — Adamus Van Noort. Deux pièces. Très-belles épreuves.

169 **Dyck** (d'après Ant. Van). Don Alvar Columna. — Aubertus Meræus. — J. de Heem. — Trois portraits gravés par Pontius. Très-belles épreuves avec l'adresse de Martin Vanden Enden.

170 — Scribanius (le R. P. Charles), gravé par Clouët. Très-belle épreuve.

171 — Van Dyck, par Vorsterman. — Geneviève d'Urfé, par P. de Jode. — Laurent Ramires, par Fruytiers, etc. Cinq pièces. Très-belles épreuves.

172 **Earlom** (R.). Révolution française, scène du 30 août 1793, d'après Zoffany. Très-belle épreuve.

173 **Ecole française du XVIIIe siècle.** Sous ce numéro, il sera vendu environ cent pièces d'après Boucher, Watteau, Lancret et autres.

174 **Edelinck** (G.). Saint François de Sales (31). — Un ange descendant sur terre (21). — Saint Bruno porté au ciel, par Poilly, etc. Quatre pièces, dont deux signées de P. Mariette.

175 — Desjardins (Martin Vanden Bogaert), (R. D. 182.) Deux épreuves, l'une du troisième, l'autre du quatrieme état. — Lionne Jules-Paul de, aumônier du roi. (R. D. 247). Epreuve du deuxième état. Trois pièces.

176 — Goltzius (Henri), peintre et célèbre graveur (216). Très-belle épreuve avant la lettre.

177 — Kaunitz (Dominique, comte de) (R. D. 228). — D'Hozier (Charles), généalogiste du roi (R. D. 184). — Savary (Mathieu), évêque de Séez (R. D. 315). Trois pièces.

178 — Parent (Jean-Charles), chevalier romain, d'après Tortebat. — Du Laury (Remi), prévôt de l'église de Saint-Pierre-de-Lille. Deux pièces. Très-belles épreuves.

179 — Nicolas Vérien. — Claude de Sainte-Marthe. — Louis Morery. — Pierre de Montarsis. Saint-Evremont. — Ant. Furetière. Six pièces.

180 **Edelinck et Lubin**. Portraits de Racine. — Descartes. — Achille de Harlay. — Sully. — Lamoignon. — Santeuil, etc. Treize portraits tirés des hommes illustres de Perrault.

181 **Eisen** (François). Sujet tiré de l'histoire sainte, d'après G. de Crayer, pièce gravée à l'eau-forte. — L'Adoration des mages. — Mercure et Hersé, d'après P. Véronèse. Trois pièces avant la lettre.

182 **Elsheimer** (Adam). Nymphes et satyres au milieu d'un paysage. Pièce non décrite de la plus grande rareté. Très-belle épreuve.

183 **Faithorne** (Excudit). Richelieu (Armand Jean du Plessis, cardinal de). Très-belle épreuve.

184 **Falck** (J.). L'Adoration des bergers, d'après Palma. — La Sainte Famille, d'après Raphaël. — La Peinture couronnée par l'Amour. Trois pièces avant la lettre. Très-belles épreuves.

185 — Jésus au jardin des Oliviers, d'après le Guide. Très-belle épreuve.

186 — La Prédication de saint Jean-Baptiste, d'après Abr. Bloemart. Très-belle épreuve.

187 — La Reine Sémiramis, d'après le Guerchin. Très-belles épreuves avant et avec la lettre.

188 — Le Concert, d'après G. Barbarelli. — Buste de femme, d'après le Parmesan, gravé par Visscher. — Sujet tiré de l'Apocalypse, d'après Lys. Quatre pièces, dont une double.

189 — Les Forges de Vulcain, d'après Michel Ange de Caravage. Belle épreuve.

190 **Ferdinand** (P.). Le Retour de la paix. — Le Retour de Gonesse. Deux pièces en largeur, publiées en 1659. Très-belles épreuves.

191 — Le Retour de la paix. — Le Parnasse ridicule de la place Maubert, etc. Quatre pièces.

192 **Ficquet** (Et.). Crébillon (Prosper Jolyot de), d'après Aved. Très-belle épreuve.

193 — Lafontaine (Jean de), de l'Académie française. Belle épreuve au ruisseau blanc.

194 — Le Vayer (F. de La Mothe), d'après Nanteuil.

195 — Maintenon (Françoise d'Aubigné, marquise de), d'après Rigaud. Très-belle épreuve.

196 — Regnard (Jean-François), d'après Rigaud.

197 — Rousseau (Jean-Baptiste). Très-belle épreuve.

198 **Fittler** (J.). La Défense de Gibraltar. Trois pièces d'après Caton et Serres. — Marines diverses. Six pièces.

199 **Fornazeris** (J. de). Marie de Médicis, reine de France (R. D. 52). Très-belle épreuve.

200 **Fortier.** Forêt vierge du Brésil, d'après le comte de Clarac. Très-belle épreuve avant la lettre, à l'état d'eau-forte.

201 **Frey** (J. de). Tobie et sa famille prosternés devant l'ange qui disparaît à leurs yeux. — Un Architecte de la marine et sa femme. — Syndics de la halle aux draps, l'an 1661. Trois pièces d'après Rembrandt. Très-belles épreuves.

202 — Le bon Samaritain. — La Bénédiction d'Abraham, gravée par Claessens. Deux pièces d'après Rembrandt. Très-belles épreuves avant la lettre.

203 **Garnier** (F.). Orphée et Eurydice, d'après Drolling. Très-belle épreuve.

204 **Gaultier** (L.). Besse (Pierre de), docteur en théologie et prédicateur célèbre. Très-belle épreuve.

205 — Rouillard (Sébastien), jurisconsulte et avocat au Parlement. Très-belle épreuve.

206 — Les Rois de France depuis Pharamond jusqu'à Louis XIII. 59 portraits tirés de la chronologie Collée.

207 **Gautier d'Agoty.** Joseph et la femme de Putiphar. Estampe gravée en couleur.

208 **Gelée** (Claude). La Fuite en Egypte (R. D. 1). — Les deux Paysages (40). Deux pièces.

209 **Gheyn** (J. de). La Vue, l'Ouïe, le Toucher, représentés par de jeunes filles richement costumées. Trois pièces non décrites. Superbes épreuves.

210 — Le Gouvernement d'un roi sage, d'après K. Van Mander. — La Mort de Pollux, gravé par Saenredam. — La Vierge et l'enfant Jésus, par Sadeler. Trois pièces. Très-belles épreuves.

211 — Saint Paul foudroyé sur le chemin de Damas, d'après K. Van Mander. Très-belle épreuve.

212 **Ghisi** (G.). Deux des plafonds en hauteur (B. 38, 39). — Deux des plafonds ovales (B. 48, 51). — L'Homme attaché à un arbre par l'Amour, gravé par Robetta (B. 25). — Deux Satyres amenant au roi Midas Silène qui s'était égaré, gravé par Bonasone (B. 89). Six pièces.

213 **Gillot** (Cl.). Feste de Faune. — Feste du dieu Pan. Deux pièces. Superbes épreuves du premier état, avant les vers.

214 — Fête de Faune. — Fête de Diane. — Fête du dieu Pan. — Fête de Bacchus. Suite de quatre estampes. Très-belles épreuves du deuxième état avec la lettre et l'adresse de P. de Rochefort.

215 — Les quatre Ages. — Le Charlatan. — Le Tombeau de maître André. Six pièces.

216 **Girard** (F.). Portrait de Lamartine, d'après Gérard. Epreuve avant la lettre.

217 — Portraits de Lamartine et Odilon Barrot. Deux portraits d'après Gérard et Scheffer.

218 — Portrait en pied du roi Louis-Philippe, d'après Hersent. Très-belle épreuve.

219 **Girard** (F.) et **Burnet.** Elisabeth, reine d'Angleterre, d'après A. Johannot. — Intérieur d'une école, d'après Wilkie. Deux pièces. Très-belles épreuves.

220 **Glockenton** (A.). Le Portement de croix, d'après Martin Schongauer (B. 15). Très-belle épreuve.

221 **Gole** (J.). Portrait d'Ostade. Belle épreuve.

222 **Goltzius** (H.). L'Ange annonçant à Manué et à sa femme la naissance de Samson. — Le Chien de Goltzius. — Le Porte-Drapeau, par J. de Gheyn. — Seigneurs et Dames à table. Quatre pièces.

223 **Goudt** (H.). Cérès cherchant sa fille, d'après Elsheimer. Superbe épreuve.

224 — La même estampe. — L'Aurore. Deux pièces. Très-belles épreuves.

225 **Gourmont** (J.). La Vierge assise sur son trône (6). Très-belle épreuve.

226 **Granthôme.** Du Mont (Ollenix). Petit portrait de forme ovale. Très-belle épreuve.

227 **Greuze** (d'après). Jeune fille assise; devant elle un panier de légumes. — Le petit Ramoneur. — L'Aveugle trompé. Trois pièces gravées par Beauvarlet, Voyez et L. Cars.

228. — La Fille confuse. — Le Geste napolitain. — La bonne Mère. — Buste de jeune homme. — Le Baiser rendu. — La bonne Mère, d'après Scheneau, etc.

229 **Grignon.** Villeroy (Nicolas de Neufville, duc de), pair et maréchal de France. — P. Rapin de Thoyras, maréchal de France, gravé par Vertue. Deux pièces.

230 **Hagedorn** (Ch.). Paysage. — Autre Paysage, gravé par H. Fock. — Deux autres Paysages, par un graveur anonyme. Quatre pièces. Très-belles épreuves.

231 **Halbeck** (d'après). Henri IV, roi de France. Portrait équestre. Très-belle épreuve avant la lettre de la copie gravée en manière noire.

232 **Heimlich** (D.). Vues des Environs de Paris. Suite de dix pièces, dont nous n'avons que neuf.

233 **Hæcke** (H. Van den). La Chienne et ses petits. — Le Cochon endormi. Très-jolie eau-forte sans nom de graveur, portant la date de 1657. — Deux Anes dans une cour. Pièce anonyme. Trois pièces. Très-belles épreuves.

234 **Hogarth.** Son œuvre en 55 pièces gravées sur cuivre et publiées par John Major en 1831. Epreuves sur chine.

235 **Hollar** (W.). Adam Elsheimer. — Etienne de la Belle. — Henri Van der Borcht. — J. Van Es. Quatre portraits. Très-belles épreuves.

236 **Hondius.** Les Travaux d'Hercule. Suite de douze estampes, en un vol. in-8 oblong, broché.

237 **Hooge** (R. de). Batailles et sujets historiques. Almanachs, etc. Onze pièces.

238 **Horp** (d'après Van). Repas hollandais. Grande estampe en largeur. Epreuve avant toutes lettres.

239 **Huchtenburgh.** Marche du Roy accompagné de ses gardes, passant sur le Pont-Neuf et allant au palais. — Arrivée du Roy devant Douay, qu'il fait investir par sa cavalerie, etc. Trois pièces d'après Vander Meulen.

240 **Huret** (Gr.). Bellarmin (le cardinal de). Très-joli portrait au milieu de figures allégoriques. Epreuve avant la lettre. — Saint Ignace à demi-corps, ayant les mains jointes devant un crucifix, d'après Rubens. G. Hubert *excudit.* Deux pièces. Très-belles épreuves.

241 **Ingouf.** Les Canadiens au tombeau de leur enfant, d'après le Barbier. Très-belle épreuve avant la lettre.

242 **Jode** (P. de). Henriette-Marie de France, reine d'Angleterre, d'après Van Dyck. Très-belle épreuve.

243 **Janinet.** L'Agréable négligé, d'après Baudoin. — Les Confidentes, par Watson. — Susanne surprise par les deux vieillards. — Tentation de saint Antoine. — L'Après-midi, gravé par Bonnet d'après Challe. Cinq pièces en couleur. Très-belles épreuves.

244 — Projet d'un palais de législature. — Vues de Paris. Six pièces gravées en couleur.

245 **Kilian** (Lucas). Le Christ et les Apôtres. Suite de dix-sept estampes d'après M. Kuger. Très-belles épreuves.

246 — Albert Durer, d'après lui-même. — Simon Vouet, par Périer. — J. Stradan. — Weirotter, par Schmutzer, etc. Dix portraits.

247 **Kobell** (Ferdinand). Son œuvre en 105 pièces gravées à l'eau-forte. Très-belles et anciennes épreuves.

248 **Lagrenée** (d'après). Premier âge de l'Amour. — Education de l'Amour. — Les Jeux de l'Amour. — Punition de l'Amour. Suite de quatre estampes gravées par Bouillard. Très-belles épreuves.

249 — Les mêmes estampes, même état.

250 **Lalive de Jully** (A. L. de). Lalive de Bellegarde (Ludovicus Dionisius), d'après Rigaud. — Sébastien Ricci, gravé par Faldoni. Deux pièces. Très-belles épreuves.

251 **Lambert a Noirt**. Riche Monument d'architecture; dans le fond est représentée la Visitation et sur le côté gauche l'Annonciation.

252 **Langlois**. Charas (Moyse), apothicaire du roi, d'après Potier. Très-belle épreuve.

253 **Lante** (Joseph). Voltaire et le Père Adami, jésuite. Grande pièce rare. Très-belle épreuve.

254 **Larmessin** (N. de). Louis XV en pied, d'après Vanloo. — Louis XVI, gravé par Coutellier. — Louis XVI et Marie-Antoinette, gravés par Brockshaw. Quatre pièces.

255 — Mabileau (Urbain Augustin), prêtre de l'oratoire. Superbe épreuve.

256 **Lasne** (Michel). Ferrari (Dominique de), seigneur de Gaigny, maître d'hôtel ordinaire du roi. Très-belle épreuve.

257 — Loménie (Ant. de), conseiller et secrétaire d'Estat. — Mesmes (Henri de), président à mortier au parlement de Paris. Deux pièces. Très-belles épreuves.

258 — Mazarin (Jules), cardinal, ministre d'État. — Henri de Mesmes, président à mortier. Deux portraits. Très-belles épreuves.

259 — Pierre Séguier. — Antoine de Loménie. — Dominique Séguier. — Henri de Sponde. — Henri de Mesmes, etc. Six pièces. Très-belles épreuves.

260 — Serre (Jean Puget de la), historiographe de France, d'après Van Dyck. — Petit portrait d'homme avant la lettre. Deux pièces.

261 — Urfé (Honoré d'), gentilhomme ordinaire de la chambre du roi. — Serre (Jean Puget de la), historiographe de France, etc. Trois portraits. Très-belles épreuves.

262 **Laugier**. Le Zéphyr, d'après Prud'hon. Très-belle épreuve.

263 **Laurent.** La Route du monde, d'après Debare. Très-belle épreuve.

264 **Lavereince** (d'après). L'Aveu difficile, gravé en couleur par R. Girard. — Tête de femme aux trois crayons, gravée par Bonnet d'après Le Clerc. Deux pièces.

265 **Le Bas** (J. Ph.). Port de mer d'Italie. — Vue des galeries de Naples, d'après Vernet. Trois pièces dont une double avant la lettre. Très-belles épreuves.

266 **Leconte** (N.). La Vierge au Voile, d'après Raphaël. Deux épreuves dont une avant la lettre sur chine.

267 **Lefèvre** (Achille). Le Roi de Rome, d'après Prud'hon. Très-belle épreuve.

268 **Lemesle** (d'après). Estampes pour illustrer le *Lutrin de Boileau*. Huit pièces. Très-belles épreuves.

269 **Lenfant** (J.). Auvergne (Jacques d'), professeur royal en arabe. — Jegou (Claude), président à Rennes. Deux pièces. Très-belles épreuves.

270 — Baudrand (Etienne), substitut de la Cour des aides de Paris, d'après J. Dieu. — Clément (Hilaire), procureur au parlement, gravé par Roullet, d'après Le Febvre. Deux pièces. Très-belles épreuves.

271 — Les mêmes portraits. Très-belles épreuves.

272 — Darly (François), marchand de soie à Paris, d'après J. Dieu. — Portrait d'un ecclésiastique, gravé en 1661. Deux pièces. Très-belles épreuves.

273 **Lenfant, Habert** et **Balechou.** Brulart (Nicolas), premier président au parlement de Bourgogne. — Pompone de Bellièvre. — Ant. Martin de Chaumont de la Galesière. — Scevole de Sainte-Marthe. — Mausolée du maréchal de Saxe, etc. Neuf pièces.

274 **Leonardis** et **autre**. Combats de taureaux. — Fêtes publiques en Espagne et en Italie. Huit pièces.

275 **Leoni** (Octavius). Portraits italiens. Vingt-huit pièces. Très-belles épreuves ; plusieurs sont avant la lettre.

276 **Lepautre** (Jean). Statue équestre de Louis XIV sur la place des Victoires. Très-belle épreuve.

277 **Lepautre, Poilly et autres.** Batailles et pièces historiques et allégoriques en l'honneur du roi Louis XIV.

278 **Lépicié, Trouvain et Simonneau.** Louis de Boullongne, d'après Rigaud. — René Fremin, d'après Latour. — René Antoine Houasse, d'après Tortebat. — Martin de Charmois, conseiller d'Etat, d'après Bourdon. — Baron, acteur de la Comédie-Française, gravé par Daullé, d'après de Troy. Cinq pièces. Très-belles épreuves.

279 **Le Prince** (d'après). La Crainte, gravé par le Mire. — L'Heureux Serin, d'après Scheneau, par Gaillard. — On la tire aujourd'hui, d'après Boilly, par Tresca. — La Mort de Marc-Antoine, gravé par Wille. Quatre pièces.

280 **Lerpinière** (D.). Paysages avec figures et Ruines antiques. Deux pièces d'après Taylor. Epreuves avant la lettre.

281 **Lespinasse** (d'après). Vue du Palais-Royal, des galeries et du jardin, gravé par Varin. — Vue de la statue et de la place Louis XV, d'après de Sève, gravé par Le Charpentier. Deux pièces.

282 **Leu** (Th. de). Ayrail (Pierre), poëte. Très-belle épreuve.

283 — Capel (Ange), sieur du Luat, secrétaire de la chambre du roi. Très-belle épreuve.

284 **Levasseur, Dorigny et autres.** Continence de Scipion. — Quos Ego. — Mort de Léonard de Vinci. — La Transfiguration, etc. Huit pièces.

285 **Livens.** Jeune Femme (B. 25). — Buste d'homme (B. 25). — Buste de vieillard (35). Trois pièces. Très-belles épreuves.

286 **Loir** (A.). Cleobis et Biton (R. D. 6). — Sujets divers d'après Poussin et autres. Quatre pièces.

287 **Lombart.** Chassebras (Gabriel), de la Grand'Maison, conseiller en la cour des monnaies. — Savoye (Philippe de), abbé, d'après Fr. de la Mare-Richard. Deux pièces. Très-belles épreuves.

288 — Gramont (Antoine, duc de), maréchal de France, d'après Waillant. Très-belle épreuve.

289 **Londonio** (F.). Son œuvre en 65 pièces gravées à l'eau-forte. Très-belles épreuves sur papier bleu.

290 **Longhi** (P.) d'après. Scènes vénitiennes. Dix pièces.

291 **Longhi** (G.). La Sainte Famille, dite à la Bénédiction, d'après Raphaël. Très-belle épreuve avant la lettre; le titre et les noms d'auteurs tracés.

292 — La Vierge au Voile, d'après Raphaël. Très-belle épreuve avant la lettre.

293 **Lorch** (Melchior). Le Déluge, composition d'un grand nombre de figures (B. 1 des pièces gravées sur bois). Très-belle épreuve.

294 **Louis** (Aristide). Mater dolorosa, d'après Ribera. Très-belle épreuve.

295 — Portrait du prince Albert, d'après Wintheralther. Très-belle épreuve avant toutes lettres.

296 **Lupton** (Th.). La Cuisinière endormie, d'après N. Maes. Très-belle épreuve avant la lettre.

297 **Maes** (P.). Le Capitaine d'infanterie. — Le Mousquetaire. Deux pièces en pendant, d'après H. Goltzius. Superbes épreuves avec grandes marges.

298 **Maître anonyme italien.** Saint Jérôme. — Saint Martin. — Saint François d'Assise. — Saint François-Xavier. Suite de quatre estampes gravées à l'eau-forte. Superbes épreuves. Rares.

299 **Maître P. M.** Les Travaux d'Hercule (B. 8 et 12). Deux pièces. Très-belles épreuves.

300 **Marchall.** La Mélancolie et la Colère, représentées par deux femmes en costume Louis XIII. Très-belles épreuves.

301 **Marot** (D.). Représentation de la grande feste de S. A. R. Madame la princesse d'Orange, célébrée en décembre 1686, dans le salon du bois de la Haye, en l'honneur du jour de la naissance de Monseigneur le prince d'Orange. Très-grande pièce en hauteur.

302 **Masquelier.** La Vierge au Livre, d'après Raphaël. Très-belle épreuve avant la lettre.

303 — La même estampe. Epreuve avec la lettre.

304 **Masson** (Ant.). Nicolas Potier de Novion, buste fort comme nature. — Jean-Ant. de Mesme, gravé par H. Jans. — Fr. Annibal d'Estrées, gravé par Bylli. — Portrait en buste, au milieu de figures allégoriques, gravé par Huret. Quatre pièces.

305 **Masson, de Larmessin et autres.** Louis XIV. — Gaspard de Guzman. — Anne d'Autriche. — Louis XV. Philippe de Lamet. Cinq pièces.

306 **Matheus.** Louis XI en pied. — Philippe d'Orléans, régent de France, gravé par Duflos. Deux pièces. Très-belles épreuves.

307 **Mellan** (Claude). Dreux d'Aubray, lieutenant civil. Villemontée (François de). — Henri de Mesmes. H. L. Habert. — Michel Letellier. — Claude de Rebé, etc. Sept pièces. Très-belles épreuves.

308 — Louis XIII à cheval et foulant aux pieds des dépouilles guerrières, d'après Ziarnko. Très-belle épreuve.

309 — Messire Henri de Mesmes, président au Parlement, deux épreuves, dont une avant l'inscription. — Le Président de Maison. — Claude de Rebé. — Richelieu. Cinq pièces. Très-belles épreuves.

310 — Portraits divers. Quatorze pièces.

311 **Meunier.** Vues d'Espagne. — Intérieur d'un parc, par Bauer. — petite marine gravée à l'eau-forte. Quatre pièces.

312 **Meyering** (A.). Paysages. Suite de quatre estampes. Très-belles épreuves.

313 **Muller et Dupuis.** Nicolas de Largillière, d'après Geulain. — Louis Galloche, d'après Tocqué. — Louis Leramberg, d'après Belle. Trois pièces. Très-belles épreuves.

314 **Miele** (J.). L'Epine dans la plante du pied (B. 3). Très-belle épreuve.

315 **Morghen** (R.). La Vierge à la Chaise, d'après Raphaël. Epreuve sans marge.

316. — Elisa, grande duchesse de Toscane. — Marie-Louise, infante d'Espagne, reine régente d'Etrurie, en regard de Charles-Louis, roi d'Etrurie. — En tête de : Monte Redimibile. Trois pièces.

317 **Muller** (J.-M.). Sainte Marie, d'après Schraudolph. — Sainte Marie, d'après Hess, gravé par Schleick. Deux pièces. Très-belles épreuves.

318 **Naiwynck** (H.). Paysages (B. 4. 10. 11). Trois pièces. Très-belles épreuves.

319 **Nanteuil** (R.). Les Quatre évangélistes (R. D. 7). Epreuve du troisième état.

320 — Amelot (Jacques), premier président de la cour des aides (R. D. 19). Deux épreuves, l'une du premier et l'autre du troisième état.

221 — Aubray (Dreux d'), lieutenant civil au Châtelet de Paris (25). — Auvry (Claude), évêque de Coutances (26). Epreuve du premier état. Deux pièces.

322 — Barberin (Antoine), cardinal, archevêque de Reims (28). — Le même personnage (29). Epreuve du premier état. Deux pièces.

323 — Les mêmes estampes. Epreuves du même état.

324 — Barillon de Morangis (Antoine), conseiller d'Etat, intendant des finances (31). Très-belle épreuve.

325 — Beaumanoir de Lavardin (Philibert-Emmanuel), évêque du Mans (34). Très-belle épreuve du premier état.

326 — Bellièvre (Pompone de), premier président au Parlement de Paris (36). Très-belle épreuve.

327 — Benoise (Charles), conseiller au Parlement de Paris (38). — Blondeau (David), ministre protestant et historien (41). Epreuve du premier état. Deux pièces.

328 — Blondeau (François), président de la Chambre des comptes (40). — Boileau (Gilles), greffier de la grand'chambre du Parlement de Paris (43). Epreuve du deuxième état. Deux pièces.

329 — Bochart-de-Saron, chanoine de l'église de Paris (42). Très-belle épreuve.

330 — Bouillon (Emmanuel-Théodose de La Tour d'Auvergne, cardinal de) (R. D. 52). Epreuve du deuxième état.

331 — Bouthillier (Victor le), archevêque de Tours (54). Très-belle épreuve du premier état, avant l'inscription sur la bordure.

332 — Bouthillier (Victor le), archevêque de Tours (R. D. 56).

333 — Castelnau (Jacques, marquis de), maréchal de France (58). — Chamillard (Guy), maître des requêtes de l'hôtel (59). Epreuve du troisième état. Deux pièces.

334 — Les mêmes estampes. Le Chamillard est du quatrième état.

335 — Chapelain (Jean), membre de l'Académie française (60). Epreuve du deuxième état.

336 — Charles-Emmanuel II, duc de Savoie (61). Très-belle épreuve avec marge.

337 — Le même portrait. Très-belle épreuve.

338 — Charles II, de Gonzague, duc de Mantoue (62). Très-belle épreuve.

339 — Charles de Lorraine, V^e du nom (63). Superbe épreuve.

340 — Chavigny (Léon Le Bouthillier, comte de), ministre d'État (66). Très-belle épreuve.

341 — Clermont-Tonnerre (François de), évêque de Noyon (68). Epreuve du troisième état.

342 — Coislin (Pierre de Cambout, cardinal de) (69). Très-belle épreuve du premier état.

343 — Le même personnage (70). Épreuve du deuxième état.

344 — De Séve (Alexandre), conseiller d'Etat, prévôt des marchands (82). Très-belle épreuve.

345 — Dorieu (Jean), président en la Cour des aides (84). Très-belle épreuve.

346 — Fronteau (Jean), chanoine de Sainte-Geneviève (99). Très-belle épreuve.

347 — Guenégaud (Henri de), marquis de Plancy, secrétaire d'État (106). Très-belle épreuve du premier état.

348 — Le même portrait. Épreuve du deuxième état.

349 — Hesselin (Louis), conseiller d'État, maître de la chambre aux deniers (110). Épreuve du premier état.

350 — Jeannin (Pierre), surintendant des finances (112).

351 — La Barde (Denis de). Évêque de Saint-Brieuc (115).

352 — La Chambre (Marin Cureau de), médecin du roi (116). Épreuve du troisième état.

353 — Lallemant (Pierre), prieur de Sainte-Geneviève (117). Épreuve du deuxième état.

354 — Lamoignon (Guillaume de), premier président du Parlement de Paris (119). Épreuve du deuxième état.

355 — Le même personnage (120). Très-belle épreuve.

356 — Le Coigneux (Jacques), président à mortier au Parlement de Paris (125).

357 — Le Masle (Michel), prieur des Roches, chantre et chanoine de l'église de Paris (126). Très-belle épreuve du premier état.

358 — Le Tellier (Michel), ministre d'État, puis chancelier et garde des sceaux de France (128). Très-belle épreuve.

359 — Le même personnage (130). Belle épreuve.

360 — Le même personnage (131). Très-belle épreuve.

361 — Le Tellier (Michel), ministre d'État, puis chancelier et garde des sceaux de France (132). Belle épreuve.

362 — Le même personnage (134). Très-belle épreuve du premier état.

363 — Le même personnage (136). Très-belle épreuve.

364 — Le Tellier (Charles-Maurice), archevêque de Reims (138).

365 — Le même personnage (139). Épreuve du quatrième état.

366 — Le même personnage (140). Épreuve du troisième état.

367 — Le Vayer (François de La Mothe), conseiller d'État (143). Épreuve du deuxième état.

368 — Ligny (Dominique de), évêque de Meaux (145).

369 — Lionne (Jules-Paul), abbé de Marmoutier et prieur de Saint-Martin-des-Champs (147). Épreuve du deuxième état.

370 — Loménie de Brienne (Henri-Auguste de). Secrétaire d'État (R. D. 148). Épreuve du premier état.

371 — Loménie de Brienne (Henri-Auguste de), secrétaire d'État (148).

372 — Louis XIV, roi de France, buste fort comme nature (159). Épreuve du premier état, collée sur toile.

373 — Maisons (René de Longueil, marquis de), surintendant des finances (165).

374 — Marin de la Chataigneraye (Denis), conseiller d'État, intendant des finances (170). Épreuve du premier état.

375 — Matignon (Léonor-Goyon de), évêque de Coutances, puis de Lisieux (172). Très-belle épreuve du premier état.

376 — Mazarin (Jules), cardinal, ministre d'État (181).

377 — Le même personnage (184). Très-belle épreuve du premier état.

378 — Mesmes (Jean-Antoine de), président à mortier au Parlement de Paris (192). Très-belle épreuve du premier état.

379 — Le même portrait. Épreuve du troisième état.

380 — Le même portrait. Épreuve du deuxième état.

381 — Molé (Édouard), président à mortier au Parlement de Paris (193).

382 — Molé (Mathieu), garde des sceaux (194). Très-belle épreuve.

383 — Molé (François), abbé de Sainte-Croix-de-Bordeaux, puis maître des requêtes (R. D. 195). Très-belle épreuve avec marge.

384 — Molé (François), abbé de Sainte-Croix-de-Bordeaux, puis maître des requêtes (195). Très-belle épreuve.

385 — Nemours (Henri de Savoie, duc de) (198). Très-belle épreuve du premier état.

386 — Nesmond (François-Théodore de), président à mortier au Parlement de Paris (201). Très-belle épreuve.

387 — Neufville (Ferdinand de), évêque de Chartres (204).

388 — Novion (Nicolas Potier de), premier président au Parlement de Paris (205). Épreuve du quatrième état.

389 — Novion (Nicolas Potier de), premier président au Parlement de Paris. (R. D. 207). Épreuve du deuxième état.

390 — Payen-Deslandes (Pierre), doyen des conseillers-clercs du Parlement de Paris, abbé de Saint-Martin et prieur de la Charité (210). Très-belle épreuve.

390 *bis* — Péréfixe de Beaumont (Hardouin de), archevêque de Paris (211). Très-belle épreuve du premier état.

390 *ter* — Le même portrait. Très-belle épreuve du deuxième état.

391 — Poncet (Pierre), maître des requêtes, puis conseiller d'État (215). Épreuve du troisième état.

392 — Regnauldin (Claude), procureur général au grand conseil (216). Épreuve du quatrième état.

393 — Sarrasin (Jean-François), homme de lettres (220)). Épreuve du quatrième état.

394 — Scuderi (Georges de), membre de l'Académie française (221). Très-belle épreuve du premier état.

395 — Seguier de Saint-Brisson (Pierre), prévôt de Paris (224). Très-belle épreuve.

396 — Servien (François), évêque de Bayeux (225). Très-belle épreuve du premier état.

397 — Le même portrait. Épreuve du troisième état.

398 — Steenberghen (Jean-Baptiste Van), conseiller du roi au conseil de Flandre (226). Belle épreuve du troisième état.

399 — Suze (Louis-François de), évêque de Viviers (227). Très-belle épreuve.

400 — Talon (Denis), président à mortier au Parlement de Paris (R. D. 228). Très-belle épreuve du premier état.

401 — Le même portrait. Épreuve du même état que la précédente.

402 — Talon (Denis), président à mortier au Parlement de Paris (228). Belle épreuve.

403 — Thévenin (Claude), chanoine de l'Église de Paris (230). Belle épreuve.

404 **Nanteuil, Daullé, Dupuis**, etc. Louis XV. — Jacques Vincent, imprimeur-libraire. — Le duc de Beaufort. — Duc de Chartres. — Lenormant de Tournehem, etc. Huit pièces. Très-belles épreuves.

405 **Natoire** (d'après). Diane au bain, entrevue par Actéon. Gravé par Desplaces. Très-belle épreuve.

406 **Neefs** (J.). Une femme à sa toilette, d'après Jordaens. — Buste de Flore, gravé par Falck. — L'Annonciation, par J. Duvet. — Deux pièces de l'histoire de Psyché, par le Maître au Dé. Cinq pièces. Très-belles épreuves.

407 **Ornements.** Sous ce numéro, il sera vendu quatre portefeuilles contenant environ douze cents pièces par Le Paultre, Lalonde, Boucher, Cuvillier, Delafosse, etc., etc.

408 **Ostade.** Paysan qui rit (4). — Le Fumeur à la fenêtre (10). — La Cruche vide (15). — La Poupée demandée (16). — L'École (17). Six pièces dont une double. Belles épreuves.

409 — Gueux au dos courbé (20). — Gueux enveloppé d'un manteau (22). — La Grange (23). — Le Fumeur et le Buveur (24). — La Dévideuse à la porte de sa maison (25). — Trois figures grotesques (28). — La Chanteuse (30). — Le Père de famille (33). Huit pièces. Belles épreuves.

410 — Le Benedicite (34). — L'Homme conversant avec la Femme (37). — Le Joueur de violon bossu; — La Fête sous le grand arbre (48). Quatre pièces.

411 — Le Goûter (50). Très-belle épreuve, mal conservée.

412 — Le Fumeur et la Fumeuse (B. 51). Superbe épreuve.

413 **Oudry** (J. B.). Sujets tirés du Roman comique de Scarron. 26 pièces. Très-belles épreuves.

414 **Oudry** (Mme). Oudry (Jean-Baptiste), peintre du Roi. Très-belle épreuve.

415 **Ghisi** (G.). Les plafonds en hauteur (B. 36-39), suite de quatre estampes dont nous n'avons que trois. — Les plafonds ovales (B. 48-51). En tout sept pièces.

416 **Pannier**. Portrait de Nicolas Poussin, d'après lui-même. Superbe épreuve avant toutes lettres, sur papier de Chine.

417 — Petit portrait du roi Louis-Philippe. Très-belle épreuve avant toutes lettres.

418 — Portrait de Jean Racine. Très-belle épreuve d'artiste, sur chine.

419 — Portrait en pied de la princesse Pauline Borghèse. Très-belle épreuve.

420 — Portrait en pied de S. A. R. le duc de Nemours d'après Winterhalter. Superbe épreuve d'artiste, sur papier de Chine.

421 — Portrait du Cardinal de Richelieu, d'après Philippe de Champaigne. Superbe épreuve avant toutes lettres.

422 — Portrait de ~~Saint-Marc-Girardin~~. Superbe épreuve avant toutes lettres.

423 — Portraits de M. Fitz-James et du prince de Galles. Deux pièces dont une avant la lettre.

424 — Portrait de M. Thiers, en buste, d'après Mme de Mirbel. Très-belle épreuve avant la lettre.

425 — Le même personnage, assis dans son cabinet. Très-belle épreuve avant la lettre.

426 — Portrait de Philippe de Champaigne, d'après lui-même. Superbe épreuve avant toutes lettres.

427 **Passe** (C. de). Histoire de Loth. — Portraits et sujets divers. Quatorze pièces. Très-belles épreuves.

428 — Les différents âges de l'homme, suite de sept estampes de forme ronde. Très-belles épreuves.

429 — Jeune femme accompagnée de la Mort, qui tient un sablier. Très-belle épreuve.

430 — L'Europe. — Vénus. — Junon. — Le Mariage de sainte Catherine, par Wierix, etc. Cinq pièces. Très-belles épreuves.

431 **Passe** (Simon de). Gondomare (le comte de), ambassadeur du roy d'Espagne, Philippe IIII, près le roy d'Angleterre. Superbe épreuve d'un portrait rare.

432 **Paterre.** Campement de militaires. Pièce gravée à l'eau-forte.

433 **Perfetti** (A.) et **Morghen.** Léopold, prince de Toscane, et Marie-Anne Caroline, sa femme. — Vittorio Alfieri. — Rossini. Quatre portraits. Très-belles épreuves.

434 — **Persyn** (H.). L'Arioste, d'après Titien. Très-belle épreuve.

435 **Pesne** (J.). L'Évanouissement d'Esther, d'après N. Poussin. Très-belle épreuve.

436 — La même estampe.

437 — Paysages d'après Titien. Trois pièces. Très-belles épreuves.

438 **Pesne** (J.). et **Audran.** La Mort de Saphire. — L'Assomption de la Vierge. — Le Ravissement de saint Paul. — L'Évanouissement d'Esther. — L'Enlèvement des Sabines. — Saint Pierre marchant sur les eaux. — Le Martyre d'une sainte, etc. — Huit pièces d'après Poussin et le Dominiquin.

439 **Petit** (G.), Saint Vincent de Paul, d'après François. Très-belle épreuve.

440 Jean Frédéric Phelypeaux, comte de Maurepas. — Joachim-François-Bernard Potier. — Étienne François, duc de Choiseul. Trois portraits d'après Vanloo; le dernier est gravé en manière noire par Lowery.

441 **Philippe** (P.). Tremouille (Henri II, Charles de), prince de Tarente, d'après J. de Bane. Très-belle épreuve.

442 **Picart** (B.). Lenfant (Jacques) fut ministre calviniste à Berlin pendant près de quarante ans.

443 **Picart** (Et.). Boileau (Nicolas), sieur Despréaux. Portrait en buste au milieu de figures allégoriques. Très-belle épreuve avant la lettre.

444 — Brion (Claude de), président en la Cour des aides de Paris, d'après Paillet. — Pavillon (Nicolas), évêque d'Alet en 1637. Deux pièces. Très-belles épreuves.

445 — Choart (Nicolas) de Buzenval, évêque et comte de Beauvais en 1650. — Brion (Claude de), président en la Cour des Aides de Paris. Deux pièces. Très-belles épreuves.

446 — Colbert (Nicolas), évêque de Luçon, puis d'Auxerre, d'après Ant. Paillet. Très-belle épreuve.

447 — Tallemant (François), premier aumônier de madame la duchesse d'Orléans. — Fénelon, gravé par Habert. — Charles Perrault, par Baudet, — J. P. Bignon. Cinq portraits dont un double.

448 **Picart** (J.). Portrait équestre de Louis XIII, servant de titre au treizième volume du *Mercure français*.

449 **Pillement** (d'après). Tombeau de Jean-Paul Marat, gravée par Née. Très-belle épreuve.

450 **Pilsen** (F.). Son portrait, d'après Audenaerd. — Puységur (Jacques François de Chastenet de), maréchal de France. Gravé par Daullé, d'après Tournière. Deux pièces. Très-belles épreuves.

451 **Piranesi.** Un lot considérable de feuilles diverses, Ruines de Rome et autres.

452 **Pitau** (N.). Belsunce (Henri-Xavier de), évêque de Marseille, d'après Gobert. Superbe épreuve.

453 — Benjamin Priolus. — Toussaint de Forbin-Janson, évêque de Marseille. — Louis XIV, roi de France. Trois pièces.

454 — Bignon (Thierry), conseiller au Parlement, puis maître des requêtes, d'après Champaigne. — Portrait d'homme, gravé par Regnesson, d'après Champaigne. Deux pièces.

455 — Séguin (Pierre), doyen de l'église de Saint-Germain-l'Auxerrois. — Petau (Alexandre), conseiller au Parlement. — Bernard (Charles), historiographe de France, par M. Lasne. — Brulart (Florimond), marquis de Genlis, gravé par Landry. — Pasquier Quesnel. Cinq pièces.

456 **Poilly** (J.-B. de). La Sainte Famille adorée par les anges, d'après S. Bourdon. Très-belle épreuve avant toutes lettres.

457 — Les Saisons, d'après Mignard. Suite de quatre estampes. Très-belles épreuves.

458 — Phelippeaux (Louis de la Vrillière), secrétaire d'État en survivance en 1654. Très-rare épreuve sans aucune lettre et avant les armes.

459 **Poilly** (N.). Louis de Bourbon, duc d'Enghien, d'après Mignard. — Bullion (Noel de), marquis de Galardon. Deux pièces. Très-belles épreuves.

460 — Bullion (Noel de), marquis de Galardon, seigneur de Bonelles, garde des sceaux des ordres du roi, d'après Champaigne. — Tubœuf (Jacques), président en la chambre des comptes, d'après Mignard. Deux pièces. Très-belles épreuves.

461 — Morin (Jean-Baptiste), né à Villefranche, docteur en médecine et professeur royal en mathématiques, d'après A.-B. Flamen. Très-belle épreuve.

462 **Poilly** (F.). Fermat (Pierre de), conseiller au Parlement de Toulouze. — Vincent Hotman, intendant des finances de France, gravé par Lenfant. — Portrait d'homme, gravé par Lenfant, d'après Verspronck. Trois pièces.

463 — Fabert (Abraham de), maréchal de France, d'après Ferdinand. Très-belle épreuve.

464 **Poussin** (d'après N.). La Nativité. — L'Adoration des mages. — Le Repos en Egypte. — Saint Jean baptisant dans le Jourdain. — Jésus et la Samaritaine. — Jésus et la femme adultère. — Les Trois croix. — Le Christ mort descendu de la croix, etc. Dix-huit pièces gravées par Pesne, Audran, Stella et autres, seront vendues séparément.

465 — Paysages gravés par Baudet. — Le Printemps. — L'Été. — Vues du port de Bayonne, d'après Vernet. Sept pièces.

466 **Rabel.** La Toilette. Très-belle épreuve.

467 **Raimondi.** Le Massacre des Innocents (B. 21), gravé par Marc de Ravenne, d'après Bandinelli. — Le Triomphe (B. 213). — L'Académie de Baccio Bandinelli, par Eneas Vico. Trois pièces. Les deux premières sont des copies.

468 — Les Quatre sujets de bas-reliefs tirés de la colonne Trajane, par Marc de Ravenne (B. 202, 205). Le n° 202 nous manque.

469 — Silène soutenu par deux satyres et monté sur un âne (B. 222). Belle épreuve.

470 — Mars, Vénus et l'Amour (B. 345). — La Nouvelle apportée à l'Olympe, par A. Vénitien (B. 241). Deux pièces.

471 **Reeth** (P. Van), Portait d'un Oriental, d'après N. de Keyser. Très-belle épreuve avant la lettre, sur chine.

472 **Rembrandt** (P. Van Rhyn). Présentation au temple (49). — La Nativité (45). Trois pièces dont une double.

473 — Juif à grand bonnet (133). — Gueux estropié (179.) — Figure d'un vieillard à courte barbe (151). Gueux et gueuse (164). Quatre pièces. Belles épreuves.

474 — Juif à grand bonnet (133). — Homme à cheval. (139). — Gueux estropié (179). Trois pièces. Belles épreuves.

475 — Tête de la mère de Rembrandt, regardant en bas (351). — Tête de femme (358). — Femme avec grande cornette (359).

476 **Ribera** (J.). Saint Jérôme (B. 4). Superbe épreuve.

477 — Saint Jérôme (B. 4). — Tête d'homme à poireaux (B. 8). Deux pièces.

478 **Richomme** (Th.). Adam et Ève, d'après Raphaël. — Sainte Marie, d'après Schraudolph, gravée par Muller. — Saint Vincent de Paul, d'après Monsiau, gravé par Baquoy. Trois pièces.

479 — Marc-Antoine, d'après Raphaël. — Le même personnage, gravé par Leisnier, également d'après Raphaël. Deux pièces. Très-belles épreuves.

480 — Portrait en buste de Napoléon, d'après Gérard. épreuve avant toutes lettres, sur chine.

481 — Portrait de Washington, gravé par Blanchard. Épreuve d'artiste, sur chine.

482 — **Ridinger** (Fl.). Sous ce numéro, il sera vendu par suite environ cinq cents feuilles diverses. Animaux, sujets de chasse et autres.

483 — **Rigaud** (J.). Vues de Paris et des principaux châteaux de France. Soixante-huit pièces, dont quelques doubles. Superbes épreuves avant les numéros.

484 — **Rode** (Jean-Henri). Son œuvre, en quarante-huit pièces gravées à l'eau-forte, Très-belles et anciennes épreuves.

485 **Rogman** (R.). Paysages divers, gravés à l'eau-forte. Sept pièces. Très-belles épreuves.

486 **Rosaspina** (F.). Le Christ mort descendu de la croix, d'après le Corrége. Très-belle épreuve avant la lettre.

487 — **Rousselet**. Le Cardinal de Richelieu, assis devant une table et écrivant. — Le même personnage debout. — Louis XIII en buste, etc. Quatre pièces, dont une double. Très-belles épreuves.

488 — **Rubens** (P.-P. d'après). Samson dormant sur les genoux de Dalila, auquel un Philistin coupe les cheveux, gravé par Matham (B. 19 de l'An. T.). — Jugement de Salomon. — La Circoncision, gravée par Lommelin (B. 25 du N. T.). Trois pièces. Très-belles épreuves.

489 — La Nativité (B. 5 du N. T.). — Autre Nativité (B. 11 du N. T.). — L'Apparition des anges aux saintes femmes, au tombeau de Jésus-Christ (B. 111 du N. T.). — Saint Juste décollé (B. 35 des sujets de saints. Quatre pièces gravées par Vorsterman et Witdœck.

490 — L'Adoration des mages. Deux compositions différentes, gravées par Rickmans.

491 — La Pêche miraculeuse, par Soutman (B. 47 du N. T.) — Saint François d'Assise recevant l'enfant Jésus des mains de la Vierge, gravé par Soutman. — La même composition, gravée par M. Lasne (B. 13 et 14 des sujets de saints). Trois pièces. Très-belles épreuves.

492 — Jésus-Christ instruisant Nicodème, gravé par Krafft (B. 58 du N. T.). — La Femme adultère, gravée par Tassart (B. 59 du N. T.) Épreuve avant toutes lettres. — Sainte Famille, gravée à l'eau-forte par Tassart. Trois pièces. Très-belles épreuves.

493 — La Cène, d'après L. de Vinci, gravée par Soutman. Très-belle épreuve avec l'adresse de Clément de Jonghe.

494 — Un Christ en croix, gravé par Soutman (B. 83 du N. T.). Très-belle épreuve d'une pièce rare.

495 — L'Ascension du Christ (B. 118 du N. T.). Très-belle épreuve.

496 — Trinité, gravée par L. Vorsterman (B. 121 du N. T.). — Saint Christophe, gravé par R. Eynhouedts (B. 8 des sujets de saints). — Saint François d'Assise recevant les stigmates, gravé par Pilsen, etc. Quatre pièces.

497 — Saint Michel foudroyant le diable, gravé par Neeffs. — Sainte Cécile, par Witdœck (B. 24 des sujets de saintes). — La Magdeleine expirant, soutenue par deux anges, par P. de Baillu (B. 30 des sujets de saintes). — Job tourmenté par sa femme et par les diables, par Vorsterman (B. 7 de l'An .T.). Quatre pièces. Très-belles épreuves.

498 — Saint François d'Assise recevant les stigmates (B. 10 des sujets de saintes). — Descente de croix, gravée par Waumans (B. 98 du N. T.). — Portement de croix. — Immaculée Conception (B. 1 des sujets de Vierge). Quatre pièces. Très-belles épreuves.

499 — Le Couronnement de sainte Catherine, gravé par P. de Jode (B. 16 des sujets de saintes). — Loth enivré par ses filles, gravé par W. de Leuw. — Le Satyre chez le paysan, gravé par Neefs, d'après Jordaens. Trois pièces.

500 — Les Quatre Pères de l'Église, gravé par Van Dalen (B. 3 de l'histoire et all. sacrées). Très-belle épreuve.

501 — Bacchus ivre, gravé par R. Van Orley (B. 59 des sujets de la Fable). Très-belle épreuve.

502 **Rubens et Van-Dyck** (d'après). Retour de chasse. — Bacchanale au Silène. — La Vierge et l'Enfant Jésus. — Bacchus ivre, etc. Six pièces gravées par Bolswert, Pontius et Soutman. Très-belles épreuves.

503 — Grands paysages gravés par Bolswert. Cinq pièces. Très-belles épreuves.

504 — Paysages. Trois pièces gravées par Bolswert.

505 **Sadeler** (Égidius). Portraits de personnages allemands, hollandais et transilvaniens.

506 **Saftleven** (H.). L'Hiver (B. 25). Très-belle épreuve. — Paysages par Almeloven et Aken. Trois pièces.

507 **Salvador**. Le Fils de Rubens, d'après lui. Deux épreuves dont une avant toutes lettres.

508 **Sauvé** (J.). Boiseon (Hercule-François de), vicomte de Dinan et de la Fellière, gouverneur de Morlaix. — René Fremin, recteur de l'Académie royale de peinture et de sculpture, gravé par L. Surugue, d'après de Latour. Deux pièces.

509 **Savry**. Sujets tirés de l'entrée de Marie de Médicis à Amsterdam. Trente et une pièces. Le portrait de la reine est avant la lettre.

510 **Schall** (d'après). La Conviction. — La Défaite. Deux pièces gravées par Marchand. — La Santé portée d'après Terburg, par Chevillet. Trois pièces.

533 — Balaam monté sur son ânesse (B. 111). Deux épreuves dont une avec le nom et l'adresse de K. Audran.

534 **Teniers** (D.). Les Joueurs. Très-belle épreuve.

535 — Bustes d'hommes et de femme. Trois pièces. Très-belles épreuves.

536 — Le Fumeur. — Le Buveur. — Les Joueurs de boules, etc. Cinq pièces.

537 — Sujets d'après Teniers, gravés par Bœl Brauver, etc. Six pièces. Très-belles épreuves.

538 **Teniers** (d'après). Tentation de saint Antoine. — La Boudinière. — Vues de Flandre, etc. Huit pièces gravées par Le Bas, Basan, Sulivan et autres. Très-belles épreuves.

539 **Thomassin** (S.). L'Auguste famille de Monseigneur le Dauphin, d'après Mignard. Belle épreuve, mais manquant de conservation.

540 — Corneille (Thomas), poëte tragique. — Muguet (François), premier imprimeur du Roy et du clergé de France. Deux pièces. Très-belles épreuves.

541 — Philippe V, roi d'Espagne. — Annibal d'Estrées, maréchal de France, d'après Voet par Bylli. Deux pièces.

542 **Thouvenin**. Religieux rançonnés, d'après Robert Fleury. Très-belle épreuve.

543 **Tiepolo** (J. B.). Sujets religieux et autres. Dix-huit pièces. Très-belles épreuves.

544 **Toschi** (P.). Portrait du comte Decazes, d'après Gérard. Très-belle épreuve.

521 — **Monchy** (Pierre de), prêtre de l'Oratoire. — Pasquier Quesnel, prêtre de l'Oratoire. Portrait sans nom de graveur. Deux pièces.

522 **Schurman** (Anne-Marie). Son portrait à mi-corps dans une bordure ovale. Superbe épreuve avec marge.

523 — La même personne, portrait de plus petite dimension. Très-belle épreuve.

524 **Sixdeniers et Girard.** Sainte Cecile. — Gabriel. Deux pièces faisant pendant, d'après Paul Delaroche. Très-belles-épreuves avant la lettre.

525 — Les mêmes estampes. Épreuves avec la lettre.

526 **Smith, Burnet et autres.** Le Lion et la lionne. — La Lettre d'introduction, d'après Wilkie. — Intérieur d'un cottage, d'après Landseer. Cinq pièces.

527 **Steen** (J.). Buste d'homme. — Buste de femme. Deux pièces gravées à l'eau-forte. *Rares.*

528 — **Subleyras** (J.). La Madeleine aux pieds de Jésus (R. D. 3). Très-belle épreuve.

629 **Summerfield** (J.). Rubens et sa femme portant du gibier et des fruits, d'après Rubens et Snyders. Très-belle épreuve.

530 **Suyderhoef** (J.). Les Bourgmestres d'Amsterdam recevant un envoyé de Marie de Médicis, d'après T. Keyser. Très-belle épreuve.

531 — Le Jour et la nuit. Deux pièces d'après Sandrart; une est gravée par Falck. Superbes épreuves.

532 **Swanevelt** (H. Van). Histoire d'Adonis. — La Madeleine dans le désert. — Vues d'Italie. Cinq pièces. Très-belles épreuves avec l'*excudit.*

511 **Schaufelein** (Hans). La Reine de Saba au pied du trône de Salomon. — Bethsabée au bain. — Scènes historiques tirées de la vie du palatin Frédéric-le-Victorieux pendant la guerre du Rhin, en 1542. Grande pièce en largeur gravée par Stimmer. Trois pièces.

512 — **Schenck.** Costumes de femmes de l'époque Louis XIV. Six pièces gravées en manière noire.

513 **Schiavonetti** (L.). Adieux de Louis XVI à sa famille. — Derniers moments de Louis XVI. — La Reine conduite au supplice, épreuve avant la lettre. — Arrestation de Robespierre, gravé par M. Sloane. Quatre pièces.

514 **Schleich** (A.). Sainte Marie d'après Hess. Très-belle épreuve.

515 **Schmidt.** Jean-Baptiste Rousseau, d'après Aved. — Crébillon, par Balechou, B. d'Herbelot, par Houbraken. — Henri Chesneau. Quatre pièces.

516 **Schongauer** (M.). La Nativité (B. 4). Bonne épreuve.

517 **Schuppen** (P. Van). Le Tellier (Michel), ministre d'État, d'après Nanteuil. Très-belle épreuve.

518 —. Louis XIV, roi de France, d'après Le Brun. — Le Pape Alexandre VII, d'après Mignard. Trois pièces, dont une double.

519 — Louis XIV, d'après Le Brun. — Ismaël Bouillaud. — Barbot (Joseph-Siméon), etc. Quatre portraits. Très-belles épreuves.

520 — Maistre de Sacy (Isaac-Louis le), prêtre, d'après Desprèz. Très-belle épreuve.

545 **Trouvain** (Ant.). Houasse (René-Antoine), ancien recteur et trésorier de l'Académie royale de peinture et sculpture, d'après Tortebat. — Hosdier (Jacques), conseiller secrétaire du roi, d'après Lefebvre. Deux pièces. Très-belles épreuves.

546 — Ménestrier (Claude-François), jésuite, né à Lyon le 10 mars 1631, d'après P. Simon. — Gaultier (François), abbé commendataire des abbayes royalles de Notre-Dame de Savigny et d'Olivet; gravé par Hortemels d'après Bellé. Deux pièces. Très-belles épreuves.

547 **Uytenbrouck** (M.). Agar dans le désert (B. 5). Très-belle épreuve.

548 **Vanloo** (d'après). Bacha faisant peindre sa maîtresse, gravé par Lepicié. — Alexandre vainqueur de soi-même, d'après Flinck, par Muller. — Buste de femme en couleur, etc. Sept pièces.

549 **Van Meerllen** (T.). Achilles de Harlay, premier président au Parlement de Paris. — Nicolas de Harlay. — Armand de Laporte, marquis de La Meilleraye. Quatre pièces dont une double.

550 — Nicolas de Harlay, seigneur de Saucy. — Nicolas de Harlay, tué au siége d'Ostende. — Charles de Neufville, seigneur d'Harlincourt et de Villeroy. Ferdinand de Neufville, évêque de Saint-Malo. Cinq pièces dont une double. Très-belles épreuves.

551 **Velde** (J. Van). Le Bon Samaritain. — Le Retour des champs. Trois pièces dont une double. Très-belles épreuves.

552 **Vermeulen** (C.). H. Meyercron, d'après Rigaud. — Jean Jouvenet, d'après lui-même, gravé par Trouvain. Deux pièces.

553 — Les mêmes estampes.

554 **Visscher** (C.). L'Arrivée d'Abraham à Sichem, d'après le Bassan. — Suzanne et les deux Vieillards, d'après le Guide. Trois pièces dont une double. Très-belles épreuves.

555 — Les Musiciens ambulants, d'après Ostade. Très-belle épreuve.

556 — La Bohémienne. Très-belle épreuve avec l'adresse de Clément de Jonghe.

557 — La Fricasseuse ou faiseuse de beignets. Très-belle épreuve.

558. — Le Convoi attaqué. — Le Four. — Le Soir. Trois pièces d'après P. de Laer. Très-belles épreuves dont deux avant la lettre.

559 — Les Patineurs, d'après Ostade. Belle épreuve avec l'adresse de N. Visscher.

560 **Visscher** (C.), *excudit*. Adrien Junius, célèbre médecin hollandais. Très-belle épreuve.

561 **Villot** (F.). Rouget de Lisle composant la *Marseillaise*, d'après E. Delacroix. Pièce gravée à l'eau-forte. Epreuve sur chine.

562 **Vinkeles et autres.** Pièces historiques hollandaises, scènes de théâtre et autres. Dix-huit pièces.

563 **Volpato** (J.). Le Christ descendu de la croix, d'après Raphaël. Très-belle épreuve.

564 **Vorsterman** (Lucas). Puget de Laserre. Très-belle épreuve signée au verso : P. Mariette, 1679.

565 — Claude Maugis, d'après Champaigne. — Maximilien, archiduc d'Autriche, d'après Rubens. — Vondel, par Visscher, avant et avec l'adresse. Cinq pièces. Très-belles épreuves.

566 — Rockhox assis, d'après Van Dyck. Epreuve avant la lettre et avant les médaillons. — Thomas Howard, d'après Van Dyck. — Uladislas Sigismond, roi de Pologne, gravé par J. Heyde, d'après Rubens. Trois pièces.

567 **Waterlo** (A.). Paysages divers. Quatorze pièces pourront être vendues séparément. Très-belles épreuves.

568 **Watteau** (d'après). L'Alliance de la musique et de la Comédie. — Retour de guinguette. — L'Esté. — L'Hyver. — L'Automne. Cinq pièces par Audran, Moyreau et Fessard.

569 **Wierix** (J.). Portrait de femme, en costume de religieuse et vue jusqu'aux genoux. Superbe épreuve avant toutes lettres.

570 **Wille** (J. G.). Agar présentée à Abraham par Sara. Très-belle épreuve avant toutes lettres et avant les armes.

571 — Louis Phelipeaux, comte de Saint-Florentin, d'après Tocqué. Très-belle épreuve.

572 — Charles, prince de Galles, d'après Tocqué. — Louis Phelipeaux, comte de Saint-Florentin, d'après Tocqué. Deux pièces.

573 — Lowendal (Woldemar de), maréchal de France, d'après de La Tour. Très-belle épreuve.

574 **Woeriot.** Phalaris, tyran d'Agrigente, préside au supplice de l'artiste Perille (205). — Sujet allégorique à la gloire du roi Louis XIII, gravé par Bosse. Deux pièces.

575 **Woeiriot** (P.). Estampes décorant le livre intitulé : *Les Rois et Ducs d'Austrasie*, traduits en français par François Guibaudet, Dijonnais (R. D. 209, 272). Soixante portraits et le titre.

576 — Duaren (François), jurisconsulte, professeur de droit à Bourges (282). Très-belle épreuve.

577 **Woollett** (W.). Vues d'Angleterre, d'après Hannan. — Paysages gravés par Bartolozzi, d'après Rizzi. Dix pièces.

578 **Wyck** (Th.). La Fileuse. — La Jeune Cabaretière caressée, gravée par Bega. — Les Mendiants, par Van Uliet, etc. Onze pièces.

579 **Young** (J.). Jacques Delille, d'après Monnier, gravé en manière noire. Très-belle épreuve.

580 **Zeeman** (R.). Marines. Huit pièces. Très-belles épreuves.

581 — Marines et Paysages. Neuf pièces. Très-belles épreuves.

---

582 Un portefeuille contenant environ 150 feuilles du musée des antiques.

583 Un portefeuille contenant environ 200 feuilles des musées royal et Robillard. Epreuves à l'état d'eau-forte.

584 Un portefeuille renfermant environ 150 estampes de l'œuvre de T. C. Regnault.

585 Un portefeuille renfermant environ 150 feuilles costumes militaires.

586 Un portefeuille contenant environ 150 fleurs coloriées, par Redouté et Pascal.

587 Un portefeuille renfermant environ 200 feuilles fleurs, oiseaux et sujets chinois coloriées.

588. Un portefeuille renfermant environ 300 fleurs coloriées par Redouté, Pascal, Guellon et autres.

LITHOGRAPHIES

ET EAUX-FORTES MODERNES

589 **Adam** (P.). Collection de portraits historiques de M. le baron Gérard, gravés à l'eau-forte par M. Pierre Adam. Dix-neuf pièces sur chine.

590 **Bonington.** Vue de Bologne. Très-belle épreuve de la seule eau-forte du maître, sur papier de Chine.

591 — Entrée de la salle des Pas-Perdus, à Rouen. — Porte gothique à Caen. — Eglise Saint-Sauveur à Caen. — Maison Grande-Rue Saint-Pierre, à Caen. A. duel betwen franck and Rashleigh. Six pièces.

592 **Boulanger** (L.). Ronde du Sabbat. Très-grande lithographie. Epreuve sur chine.

593 **Calame** (A.). Paysage. Très-grande pièce gravée à l'eau-forte. Superbe épreuve.

594 **Charlet** (N. T.). Aux vieux grognards ! le tailleur de pierre reconnaissant. — Le Quartier général. — J'attends de l'activité. — L'Aumône. — Voilà pourtant comme je serai dimanche. — Le Second coup de feu. — Le Grenadier de Waterloo. Première et seconde épreuve, etc. Onze pièces.

595 — Costumes de la garde impériale et de la garde nationale de Paris. Vingt-une pièces.

596 — Sujets tirés d'albums. — Pièces inédites. Vingt-six pièces.

597 — Suite de dessins à la plume à l'usage des élèves des Ecoles spéciales des ponts et chaussées, de Metz, d'état-major, polytechnique, militaire et autres, par Charlet.

598 — Croquis pour l'Ecole polytechnique et autres. Vingt-six pièces.

599 — Croquis par Charlet, 1837. Suite de douze pièces.

600 — Album lithographique, 1836. Suite de seize pièces. Epreuves sur chine.

601 — Histoire de Valentin. Suite de cinquante pièces.

602 **Clerget.** Etudes prises sur nature par Flers, lithographiées par H. Clerget. Six pièces et un titre.

603 **Constantin.** Suites d'eaux-fortes. Douze pièces et un titre.

604 **Courtry.** Portrait d'Homme, d'après A. del Sarte. — Jeune Fille debout, d'après Van Dyck. Cinq épreuves de ces deux pièces, dont trois à l'eau-forte et deux avant la lettre.

605 **Decamps.** Classe de français, M. Contrarius.

606 Livre de croquis, par MM. Bellangé, Charlet, Decamps, Isabey, Roqueplan, etc. Soixante-sept pièces.

607 **Dreux** (A. de). Croquis de chevaux, par Alfred de Dreux, dédiés à M. Ernest Le Roy. Neuf pièces.

608 **Gavarni**. Masques et Visages. — Etudes d'enfants. — Costumes historiques pour travestissements, etc. Trente-huit pièces.

609 **Géricault**. Marche dans le désert. Très-belle épreuve.

610 — Retour de Russie. Superbe épreuve imprimée à deux teintes.

611 — Cheval nu allant au trot. Épreuve avant le nom de Villain.

612 — Le Chariot de charbon. — Cheval de plâtrier attelé. — Chevaux de carrosse se mordant pendant qu'on les ferre, etc. Cinq pièces.

613 — Études de chevaux. — Chevaux de ferme. Lara blessé, etc. Onze pièces.

614 **Hérvier**. Études artistiques, paysages, marines, baraques dessinées et lithographiées par A. Hervier. Dix pièces.

615 **Isabey**. Vue de Rouen. — Souvenir de Bretagne. Trois pièces dont une double.

616 **Marlet**. Tableaux de Paris. 101 pièces.

617 **Meryon**. Adresse de Rochoux. Très-belle épreuve.

618 — Océanie, îlots à Uvea Wallis. Pêches aux palmes. Très-belle épreuve.

619 — Bain froid Chevrier, dit de l'École. Très-belle épreuve.

620 — Rue des Chantres. Très-belle épreuve.

621 — Ministère de la marine. Très-belle épreuve avant la lettre.

622 — Vue à vol d'oiseau du collège Henri IV, ou Lycée Napoléon. Très-belle épreuve avec la légende.

623 — La même pièce. Épreuve avec la légende effacée.

624 — Le Grand Châtelet à Paris. Très-belle épreuve.

625 — Rébus : Béranger ne fut véritablement fort, car il n'eut jamais la clef des champs.

626 — Rébus : Ci gît la Vendetta.

627 **Orléans** (Antoine-Philippe d'). Vues du château Benham. Deux pièces.

628 **Prud'hon** (P. P.). Une Famille malheureuse. Épreuve sur chine.

629 **Raffet.** Siége de Constantine et autres. Huit pièces.

630 — Combat d'Oued-Alleg. Très-belle épreuve.

631 **Sudre.** L'Odalisque d'après Ingres. Très-belle épreuve avant la lettre, sur chine.

632 — La même pièce. Très-belle épreuve sur chine.

633 **Sudre et Aubry-le-Comte.** Tête de l'Odalisque. — Psyché, par Fragonard. Françoise de Rimini. — L'Ode, etc. Six pièces dont deux doubles.

634 **Vernet** (H.). 165 pièces de son œuvre dont quelques doubles.

LIVRES A FIGURES

635 Figures historiques du Vieux et du Nouveau Testament. Genève, chez Samuel de Tournes, 1581, 1 vol. in-8, vél.

636 Figure de la Biblia illustrate de Stanze Tuscane, par Gabriel Simeoni. Lyon, 1577, 1 vol. in-8, vél.

637 — Collection de gravures choisies d'après les peintures et sculptures de la galerie de Lucien Bonaparte, prince de Canino. Rome, imprimé par de Romanis en 1821. 1 vol. in-fol. contenant 27 gravures avant la lettre.

638 **Ghiberti.** Porte du baptistère Saint-Jean-de-Florence. Paris, Veith et Hauser. 1 vol. in-fol. cartonné.

639 — Muséum d'histoire naturelle. Serres chaudes, galerie de minéralogie, etc., par Ch. Rohault fils. Paris, 1837. 1 vol. in-fol. cart.

640 **Mulinari.** Disegni originali d'eccellenti pittori esistenti nella reale galleria di Firenze, incisi ed imitati nella loro grandezza e colori, da St. Mulinari. Firenze, 1774, 1 vol. in-fol., cart., contenant 50 pl. fac-simile de dessins.

641 **Mulinari.** Racolta diventi disegni originali d'eccellenti pittori e maestri della scuola fiorentina, ricavati questi dal gabinetto esistente nella R. Galleria di S. A. R. l'Arciduca Gran-Duca di Toscana. 1782. 1 vol in-fol. contenant 20 planches et un titre fac-simile de dessins.

642 **Mulinari.** Istoria pratica dell' incominciamento e Progressi della pittura, o sia Raccolta di cinquanta stampe, estratte da ugual numero di disegni originali esistenti nella Real Galleria di Firenze per la prima volta incise da Stefano Mulinari. Firenze, 1778. 1 vol. in-fol. cart. Manque deux planches.

643 Chronique de Nuremberg, publiée en 1493. 1 vol. in-fol. vélin. Manque de conservation.

644 — Le même ouvrage en deux vol. veau.

645 Discours de la cérémonie observée en la dernière création des chevaliers de l'Ordre du Saint-Esprit. 1 vol. in-fol. contenant un grand nombre d'armoiries et les quatre estampes d'Abraham Bosse pour cet ouvrage.

646 Miniatures tirées des manuscrits de la Bibliothèque Saint-Laurent, à Florence. 1 vol. in-fol. cart.

647 Portefeuille historique de l'ornement. 1 vol in-fol. contenant 32 planches.

648 Celebre mascherata fatta nella splendidissima città di Napoli in campagna felice nel Carnovale dell' anno 1778. 1 vol. in-fol. obl., contenant onze planches en bistre gravées par R. Morghen.

649 Vues de Paris gravées par Janinet, Descourtis, Chapuis. 1 vol. in-fol. oblong contenant 86 planches.

650 Per le Nozze del nobile sig. co. Cavalier Gio. Estore Albani con la nobile sig. Contessa Paolo Martinengo in Bergamo, 1781. 1 vol. in-fol. mar. r.

651 Histoire du Roy Louis le Grand par les médailles, emblêmes, devises, jetons, inscriptions; etc., recueillis et expliqués par le Père Cl.-Fr. Menestrier de la Compagnie de Jésus. Paris, 1689. 1 vol. in-fol. veau.

652 Notitia utraque cum orientis tum occidentis ultra arcadii honorisque Cæsarum tempora. Basileæ, 1552. 1 vol. in-fol. rel. fig. en bois.

653 Application de la perspective linéaire aux arts du dessin, ouvrage posthume de J.-T. Thibault. Paris, 1827. 1 vol. texte et 1 vol. de planches.

654 Atlas classique et universel de géographie ancienne et moderne, dressé par le colonel Lapie. 1 vol in-fol. cart.

655 Blason ou art héraldique. 1 vol. in-fol. cart.

656 Théâtre géographique du royaume de France, contenant les cartes et descriptions particulières des provinces d'iceluy. Paris, 1632. 1 vol. in-fol. cart.

657 Perspective, c'est-à-dire le très-renommé art du point oculaire, par Hondius. 1 vol. in-fol. oblong veau.

658 — Le Bouteux. Plans et dessins nouveaux de jardinage du s[r] Le Bouteux, dessinateur des jardins du Roy. 1 vol. in-fol. oblong broché. Deux autres vol. sur les jardins et l'architecture.

659 — Epigrammata antiquæ urbis Romæ in œdib Jacobi Mazochii romanæ Acad. bibliopolæ, 1521, mens april. 1 vol. in-4, vél., fig. sur bois.

660 — Figures des histoires de la Sainte Bible, avec des discours contenant exactement ce qui est de plus remarquable dans l'Ancien et le Nouveau Testament. Paris, 1724. 1 vol. in-fol. veau. Fig. sur bois.

661 Les Rois d'Angleterre; suite de 137 portraits faisant partie de la chronologie collée. 1 vol. in-fol. cart.

662 Venationes ferarum, avium, piscium pugnaæ bestiatiarorum; et mutuæ bestiarum, depictæ a Joanne Stradano; editæ a Philippo Gallaco carmine illustratae a C. Keliano Dufflæo. 1 vol. in-fol obl. vélin.

663 Di Alberto Durero, pittore e geometra chiarissimo: Della Simmetria dei Corpi humani. In Venetia, 1591. 1 vol. in-fol. vel.

664 Un vol. contenant 62 pièces par La Belle et Ostade.

665 Fontane diverse che si vedano nell' alma città di Roma e altre parte d'Italia. Delineate da Giovanni Maggi, Romano pittore e architetto. Roma, 1645. 1 vol. in-4, contenant 50 fig. gravées à l'eau-forte.

666 Costumes russes. 4 tomes en 2 vol. in-4, veau.

667 Chronique illustrée des Rois de France, depuis Pharamond jusqu'à Henri III. Venetia, 1588. 1 vol. in-fol. veau.

668 Catalogue raisonné des tableaux du Roy, avec un abrégé de la vie des peintres, fait par ordre de Sa Majesté. Paris, 1752. Deux tomes en 1 vol. in-4, veau.

669 Dictionnaire général et grammatical des dictionnaires français, par Napoléon Landais. Paris, 1840-2 vol. demi-rel.

670 Dictionnaire de l'Académie française. Paris, 1835, 2 vol. brochés.

671 Mémoires historiques sur la vie et les travaux de Canova, par Quatremère de Quincy. Paris, 1834, 1 vol in-8, demi-rel.

672 La première et la deuxième partie du Promptuaire des médailles des plus renommées personnes qui ont esté depuis le commencement du monde, avec briève description de leurs vies et faicts, recueillie des bons auteurs. Lyon, 1553, 2 tomes en 1 vol. in-4, veau.

673 Un volume in-4 oblong, contenant 107 planches sujets du Nouveau Testament, gravés par Josse, Aman et autres.

674 Ori Apollinis Niliaci de sacris notis et sculpturis libri duo, ubi ad fidem vetuisti codicis manuscripti restituta sunt loca permulta, corrupta ante ac deplorata. Paris, J. Kerver, 1551, 1 vol. in-8, cart.

675 Andreæ Alciati V. C. emblemata, cum Claudii Minois ad eadem commentaris et notis posterioribus, 1600, 1 vol. in-8, vél., fig. sur bois.

676 Livre nouveau et utile pour toutes sortes d'artistes..., contenant quatre alphabets de chiffres fleuronnez au premier trait avec quantité de devises, d'emblêmes et de nœuds d'Amour, par Daniel de la Fueille. Amsterdam, 1691, 1 vol. in-8, vél. Incomplet.

677 Breviarium clumacense juxta regulam sancti Benedicti, et mentem Pauli V, pontificis maximi. Paris, 1779, 4 vol. in-8, mar. rouge, fil., tran. dorées. Incomplet.

678 — Anecdotes de la bienfaisance, ou Annales du règne de Marie-Thérèse, par M. Fromageot. Paris, 1777, 1 vol. in-8, veau, fig. de Moreau.

679 École de cavalerie, contenant la connaissance, l'instruction et la conservation du cheval, par M. de la Guerinière, écuyer du roi. Paris, 1769, 2 vol. in-8, veau, fig.

680 De Groote schonburgh der nederlantsche konstschelders en schilderessen, door Arnold Houbraken. Gravenhage, 1753, 3 vol. in-8, veau, fig. Portraits de peintres flamands et hollandais.

681 — Recueil des dessins de différents bâtiments construits à Saint-Pétersbourg et dans l'intérieur de l'empire de Russie, par Louis Rusca. Saint-Pétersbourg, 1810, 1 vol. in-fol. br.

682 Plan, coupes et élévations, profils de l'église de Saint-Philippe-du-Roule, dédiée à Monsieur frère du roi en 1780. 1 vol. in-fol., cart.

683 Description des écoles de chirurgie, dédiée à Monsieur de la Martinière, par M. Gondan, architecte du roi. Paris, 1780, 1 vol. in-fol., demi-rel. mar. r., fig.

684 — The Passion of our saviour Jesus-Christ, painted by duccio Buoninsegna forthe cathedrale of Sienna, 1 vol. in-fol. obl., broché, figures au trait.

685 — Galeria dipinta del Palazzo del prencipe Panfilio da Pietro Berrettini da Cortona intagliata da Carlo Cesio. 1 vol. grand in-fol. obl., contenant 16 grandes estampes.

686 — Les Peintures de P. B. de Cortone au palais de Médicis. 1 vol. in-fol. obl., demi-rel.

687 — Le Jugement dernier de Michel Ange Buonarotti, dessiné et lithographié par M. Guillemot. Paris, 1828, 1 vol. in-fol., cart.

688 — Disegni de Leonardo de Vinci incisi sugli originali da Carlo Guiseppe Gerli reprodotti con note illustrative da Guiseppe Vallard. Milan, 1830, 1 vol. in-fol., cart.

689 Un vol. in-fol., contenant un grand nombre de plans des principales villes de France et d'Europe.

690 — Un vol. in-fol. oblong, contenant 40 planches, modèles et échantillons pour fabricant de bronzes.

691 Recueil des plans, coupes et élévations du nouvel hôtel de ville de Rouen. Paris, 1558, 1 vol. in-fol., demi-rel.

692 — Descrizione delle feste celebrate in Parma l'anno 1769, per le Auguste nozze di sua altezza reale l'infante don Ferdinando colla reale arciduchessa Maria Amalia. 1 vol. in-fol., veau, fig.

693 Choix d'édifices publics construits ou projetés en France, extrait des archives du conseil des bâtiments civils, publié avec l'autorisation de S. Exc. le ministre de l'intérieur, par MM. Gourlier, Biet, Grillon et Tardieu. Paris, 1825, 1 vol. in-fol en livraisons, contenant 276 planches.

694 Voyages pittoresques et romantiques dans l'ancienne France, par MM. Ch. Nodier, J. Taylor et Alph. de Cailleux, Paris, 1825, 1 vol. in-fol. en livraisons.

695 Le même ouvrage. Exemplaire incomplet des planches de Boninghton.

696 Vues pittoresques de l'Écosse, dessinées d'après nature, par Pernot, litographiées par Bonington, David, Enfantin, etc; ornées de douze vignettes d'après les dessins de Delaroche jeune et Eugène Lami; avec un texte explicatif extrait en grande partie des ouvrages de sir Walter Scott, par Am. Pichot. Paris, 1826, 1 vol. in-fol., contenant 59 vues, plus 18 pièces doubles du même ouvrage.

697 Sketches on the Danube in Hungary and Transylvania. By George Hering. 1 vol. in-fol., demi-rel.

698 Sketches in Italy, Switzerland, France, etc. By T. M. Richardson Jun. 1837, 1 vol. in-fol. demi-rel.

699 Sketches on the Moselle, the Rhine et the Meuse. By Clarkson Stanfield esq. R. A. Londres, 1838, 1 vol. in-fol., demi-rel.

700 Un vol. in-fol. oblong, contenant 111 lithographies, par Charlet, Vernet, Géricault et autres.

701 Sous ce numéro il sera vendu par lots, environ cinq ou six mille estampes de toutes les écoles.

Paris. — Imp. de PILLET fils aîné, rue des Grands-Augustins, 5.

www.ingramcontent.com/pod-product-compliance
Ingram Content Group UK Ltd.
Pitfield, Milton Keynes, MK11 3LW, UK
UKHW020323220726
13923UKWH00003B/1337